福音主義教会法
と
長老制度

深谷松男

一麦出版社

はしがき

　この度，長い間温めてきた小論を公にするにあたり，改めて主の教会において，とりわけその礼拝において導かれてきた御恩寵を感謝しています．若き日に教会の礼拝へと招かれてから少し時間がかかりましたが，「結局，ひれ伏して神を礼拝し，『まことに，神はあなたがたの内におられます』」（Ⅰコリント14：25）と頭を垂れて，20歳のクリスマスに日本基督教団福島伊達教会にて使徒信条により信仰告白をして洗礼を受けました．その後，日本基督教団は「信仰告白」を採択し，私は仙台広瀬河畔教会を経て金沢教会において長老に立てられ，爾来62年余，福音主義改革教会の伝統に立つ教会に長老として仕えて歩んできました．その間，16歳の春，初めて聞いた主の御言葉が私を導き励ましてきました．また，これから後も．「汝らは価をもて買はれたる者なり．然らばその身をもて神の栄光を顕せ」（Ⅰコリント6：20）．

　その歩みはまた，教会法について考えさせられる歩みでもありました．私の専攻は民法学，特に家族法学ですが，1969年にいわゆる教団紛争が始まるとともに，その解決に向けて教団常議員や信仰職制委員会委員の務めを負うことになり，長期間，全国規模での諸種の協議に関わり，あるいは教団代表として合衆国のＵＭＣ（メソジスト教会）やＰＣ（ＵＳＡ）（長老教会）の全国総会に出席などをするなかで，教会法につき考究することへと導かれました．しかも，求められるままに教団の「福音主義教会連合」誌に「教会法」の題で8回ほど連載した小論がありまし

たが――これは後に「横手聖書学舎」が赤木善光著『信仰告白』と合本にして出版（1991年）――，一麦出版社の西村さんからさらに加筆して出版することを熱心に勧められ，勤務を辞めてから少しずつ教会法につき考究し，執筆を進めるようになり，今回，ようやく本書を書き上げた次第です．先の『教会法』を全面的に加筆修正し，また「改革長老教会の伝統」については，金沢教会修養会での講演「私たちの教会の伝統的教会観」（これはまた，教会員および親交のかたがたに配った小品『生ける石とされて』［1999年］に登載）をもとに執筆しました．その他，別々に書いた原稿を取りまとめているところもあり，内容や表現において若干重なる部分があることをご容赦ください．50年ほど考え続けてきたものとしてはまことに小品ですが，このようなものでも世に送ることのできることを感謝しつつ，日本の福音主義教会の教会形成にいくらかでも資することを願っています．

　執筆中，確かな導きとなった聖書の一節があります．そこには教会法の考察を進めることへの確かな示唆と励ましがありました．ペトロの手紙一の一節です．

　「あなたがたは，主が恵み深いかたであることを，すでに味わい知ったはずである．主は，人には捨てられたが，神にとっては選ばれた尊い生ける石である．この主のみもとにきて，あなたがたも，それぞれ生ける石となって，霊の家に築き上げられ，聖なる祭司となって，イエス・キリストにより，神によろこばれる霊のいけにえを，ささげなさい」（Ⅰペテロ2：3－5，口語訳）．

　主は，「人には捨てられ」十字架に贖いの死を遂げられたが，「神にとっては選ばれた尊い生ける石」，すなわち復活によって生きておられる恵み深い救い主キリストであって，全人類を救い，神の主権を確立しようとする父なる神の御心のため特に選ばれたお方です．神は神礼拝の教会を建てるために主キリストをその礎石とされ，主キリストに対する信仰の告白のうえに教会を形成されました．主はその生ける石であります．

私たちは，この主のみもとに来なさいと招かれているのです．主のみもとに来て生ける石とされなさい．そして，霊の家に築き上げられなさい，と諭されているのです．このところは，受動形にしてかつ命令形の文章で書かれています．霊の家とは聖霊の宮であり，主の教会のことです．主キリストを隅のかしら石として堅固に築き上げられている建物の譬えにより，主キリストとその福音の上に，したがって，信仰告白の上に形成される秩序堅固な教会が示されており，その教会に生き，礼拝に徹して主の教会に仕えるようにと諭されています．

石は罪と死の徴でもあります．固く自己を閉ざして他者に突き当たり，他と結ぶこと浅く，冷たくして愛を知らない．その石の心を主は打ち砕き，生かして結び合わせ，天の御国につながる教会の形成に用いたもう．その生ける石として結び合う教会の秩序を教会法として究めて，主の教会のお役に立てたい．私のささやかな願いです．

はしがきには，これまであまり論じられてこなかった本書のテーマだけに，それへの導入の一節があるべきかもしれませんが，それは本論の冒頭で扱っていますので，ここではふれませんでした．また，本書における聖書の引用の多くは，その御言葉に打たれたその時その時の翻訳によりました．

ひたすらにインマヌエルの主を仰ぎ，讃えつつ．

2023 年 12 月　アドヴェント第三主日

深 谷 松 男

福音主義教会法と長老制度

目　次

第一部　福音主義教会法の考え方

第1章　教会の信仰と秩序

1.　教会の秩序への注視

　この小論を始めるにあたり，教会についての基本的問答であるハイデルベルク信仰問答 54 が私の前にあります．そこでは，「聖なる公同のキリストの教会につき，何を信じるか」と問い，「私はこう信じます．すなわち，神である御子が，全人類の中から永遠の生命へと選び出された群れ（教会）を，彼の御霊と御言葉により，正しい信仰の一致において，世の初めから終わりまで，ご自身のもとに集め，守り，保持されること，および私もこの教会の生きた一員であり，永遠にそうあり続けることです」（私訳）と答えています．終始，神の御子が主語であり，教会は主イエス・キリストの御業の結実そのものであることを語って，「イエス・キリストの在すところ公同教会あり」（イグナチオスのスミルナ教会への手紙）とのキリスト論的公同教会の信仰を明らかにしています．そして，私の属する日本基督教団（以下，「教団」と記す）の教憲前文第二段は，この聖なる公同の教会は「見えない教会として存在するとともに，また見える教会として現存」するとの認識を明確にしていますが，今ここで大事なことは，この現存する見える教会に集中することです．

　「使徒信条においては……十二使徒の集合に始まる極めて可見的な集合のことが，語られているのである．最初の教団は，可見的なあらわな

激動をひき起こした一つの可見的な群れであった．もし，教会が，このような可見性を持っていないならば，それは，教会ではない．〈中略〉『われは教会を信ず』とは，ここで・この場所で・この可見的な集合において・聖霊の御業が起こることを私は信ずる，という意味である」（バルト，井上良雄訳『教義学要綱』新教出版社，1951 年，291−292 頁）．

　それゆえ，現在の地上の個々の教会または一団の全体教会において，それが人間的には破れ多く，時には絶望的に見える時でも，聖霊がその御業をなしたもうことを信じて，頭<ruby>頭<rt>かしら</rt></ruby>なるキリストに従い行くのです．その一つの道として，私には福音主義教会法の考察があります．

　「知恵と知識の宝はすべて，キリストの内に隠れています．わたしがこう言うのは，あなたがたが巧みな議論にだまされないようにするためです．わたしは体では離れていても，霊ではあなたがたと共にいて，あなたがたの正しい秩序と，キリストに対する固い信仰とを見て喜んでいます」（コロサイ 2：3−5）．

　このパウロの手紙の一節が私の注目を惹き，これを熟読することから私の学びと考察は歩み始めました．教会の秩序についての教えもまた，キリストの内に隠されているのです．ただキリストに学ぶのです．

　まずここで注目すべきことは，第一に，正しい教会秩序と強固なキリスト信仰の二つが，巧みな議論にだまされて信仰が歪み，教会が崩れるようなことのないために肝要であること，第二に，日常の礼拝は別々の場所で守っていても，聖霊によってひとつであることを基礎にして，右の二点の一致により見える教会としての全体教会が成り立っており，そこにおいて祝福を受けるということ，そして第三に，第一のことも第二のことも主キリストに基があり，キリストから出てくるということであります．しかもここでは，教会の秩序正しいことをキリストに対する固

い信仰の前においています．それだけ教会の秩序を重視しているのでしょう．本書でそのことがおのずから明らかになることと思いますが，ここでは少なくとも，教会が秩序正しくあることが，教会と教会につながる者のキリスト信仰が強固であるために必須であるということを指摘できるでしょう．

　基本的に，見える教会は，信仰告白と典礼（礼拝および聖礼典）と教会制度（教会法）の三者が，聖書を正典とし，聖霊の導きのもとに御言葉によって絶えず改革されつつ，信仰告白を基とする正しい整合関係に立つしかたで調えられるとき，キリスト教会として堅固に形成され，存在します．この三者の一つに歪みがあれば，他の二つは脆弱になります．このことについてはこれからたびたびふれることになります．この三者の関係を確認しながら教会法についての論旨を進めるのが，私の基本姿勢になりましょう．

　このような基本的認識は，70 年代の教団紛争時に，熊野義孝著『教会と信条』（福音新報社，1942 年）の次の一文に教えられ，励まされたことによります．なお本書は，熊野先生が教団発足時に教学委員会の委員長として合同教会形成の神学問題に深く関わられる中で執筆されたものです．

　「教会は聖礼典と信条と，さらにそれに拠って具体的に形成された団体としての制度と，この三者整合において完全するのである．その一つを欠いても教会は跛行的である．聖礼典・信条・制度の整合性ということが，地上の教会の健康な生活機能の活動を可能ならしめる．『全体は，この首（キリスト）によりて節々維々（ふしぶしすじすじ）に助けられ，相つらなり，神の育てにて生長するなり』（コロサイ 2:19）と使徒パウロの教えているとおり，教会はその生命たる主キリスト・イエスの体として存在するのであって，この体が機能的に働くとき，聖礼典・信条・制度の三者の深い連関作用が必然的に現われる．教会はその一つを欠くことができないのである」

（その後本書は『熊野義孝全集』第五巻，新教出版社，1979年に収録．その488頁より引用）．

　著者は，聖礼典を上から与えられる恩寵の手段として強調し，それに応える形で信条と制度があるとして，聖礼典と信条と制度の三者が正しい整合関係にあるべきことを説いています．私は，それに示唆を受け，信仰告白と礼拝・聖礼典と教会制度（教会法）の三者が，聖書の証しするキリストの御言葉に対して正しく応答することにより，相互に緊密な生命的な関わり合いをもって正しい整合関係にあるとき，キリストの主権が正しく確立されていくのだと考えています．

　ですから，教会法についての正しい認識は，教会形成と私たちの信仰生活に必須のことなのです．そのことを，まず身近なところから，私の場合は，いわゆる教団紛争の実相にふれて考えさせられました．

　1970年以降の教団の混乱は，教団成立時から信仰告白の一致が不明確であって，それが遠因ともなって生じたものであると，よく言われますが，それは同時に，上に挙げた信仰告白以外の二者の不備・未熟にも起因しているのであって，中でも，教会法的混乱は今日にも繋がり，深刻なものがあります．教団紛争後しばらく，教団・教区関係の会議における暴力的発言の問題性が指摘されましたが，今日，それが少なくなったと言いうるとしても，教団教区の諸種の会議の内実は依然として教会法的な混乱の中にあると言わざるをえません．未受洗者を聖餐に与らせていることを教団の公の会議で公言し，それを止めるようにとの教団議長の要請を拒否した牧師に対して教師免職の戒規執行がなされたことにつき，不当に牧師の地位を奪われたとして世俗の裁判所に訴えたケースがあり，また，牧師の伝道牧会上の問題ある行動につき教会役員会が牧師の解任を求め，教区議長の指名する教師が議長を務める教会総会において解任が決議され，教区議長の承認と教団議長の同意があって解任された教師が，その世俗法上の無効を主張して国の裁判所に訴えを起こし

たケース（以上 2 件とも最終的に原告教師の敗訴）などがあり，教会法的混乱は正規の教会会議においてさえ深刻なものが出没しています．

　教団の再建と革新が求められ，叫ばれている今日，この教会の秩序＝法を正しく整えるということに，私たちはよりいっそう主に忠実に熱心に取り組まねばならないと思います．

　また，わが国では，カルト的宗教団体の問題から国の宗教法人法が改正され，宗教法人の備えるべき書類や主務行政機関に提出すべき文書がより詳細に規定されました．わが国の歴史においては，明治以降だけをとっても，宗教団体法などに見られるように，キリスト教会に対する行政権力の介入はしばしばでありました．教会がこのような政治権力の介入や統制を未然に抑止するためにも，教会は法的秩序体として堅固でなければなりません．教会が堅固な法的秩序体になっていなければ，いくら信教の自由と教会自律権を主張していても，政治権力がその法的限度を越えて教会の法を侵害することを防ぐことはできない，と考えています．いや，政治権力に限らず，サタンは教会に対して常に巧妙に内部崩壊を企んでいます．そして，秩序体としての脆さから教会が崩れるとき，それはまさに「分かれ争う家は立つことができない」ということになるのです．

　以上は「教団」について記しましたが，他の諸教派においても，同様にその法的秩序を堅固にしなければならないと考えており，本論においても，特に断らない限り，広く福音主義教会を視野においています．

　ところで，近時，教団の各個教会においては，教会の秩序についてかなり自覚的に取り組まれてきていると思われますし，各個教会規則の制定についても，これを進めている教会が出てきていますが，多くはまだまだというべきでありましょう．上記 70 年代初頭，私は，全体教会が混乱して進み行く先が不鮮明というのであれば，各個教会の秩序から取り組んでこれを立て直さなければならないと考えて，当時所属していた日本基督教団金沢教会の規則案作成に取り組みました．それがほぼ原案

どおりに制定された後，主にある交わりをもっていたかなり多くの教会からその規則文を求められ，それらの教会の規則作成または教会の運営にそれなりに参考になっていると聞き，感謝しています．その後，機会があって，各個教会規則のモデルを構想し，またその逐条解説を執筆することになり，福音主義教会法を日本の教会の現実において実際的に考えることができました．本論において述べることの主要部分については，それらの作業にあたって考察し，また，それに関連して諸教会とすることのできた意見交換の過程で学んだものがその下地の一部になっています．本書の叙述においても，そのモデル各個教会規則に言及しながら展開するところがあるでしょう．

2.　法的秩序による教会形成と教会法に対する誤解

　教会は，一定の原理・原則をもった秩序によって形成されるものであります．教会形成というとき，それは一定の秩序による形成であることが前提とされているといってよいでしょう．無秩序のままで「形成」ということはありえません．しかし，教会の秩序につきもっと基本的に大事な認識は，教会は，本来的に罪の無秩序のこの世に対する神の勝利に終わる戦いとして形成される，新しい秩序であるということであります．つまり，教会は，本源的に一定の秩序 —— 教会特有の法的秩序 —— をもって形成される存在だということです．

　教会をキリストの体であるとする認識に立つならば，教会につき一定の秩序を当然に認めることになるはずであります．もっとも各個教会においては，信仰に基づく愛によって自ずからキリストの体にふさわしい教会秩序が形成されていくことと考えられるかもしれませんが，公同の教会を信じ，それを追い求めて，全体教会の存在を認め，それを形成していこうとするときには，各個教会も全体教会も明確な秩序をもつもの，

しかも法によって秩序づけられているものでなければならないはずであります. 正しい教会法がそこに認められなければなりません.

　ところで, 福音主義教会の場合, その秩序について法の問題をもちだすと, 一般にはかなり抵抗感を覚える人が多いのではないでしょうか. そして, 教会の規則や法を強調するとき, 多くは誤解を伴った反応に出合うのではないでしょうか.

　まず第一に, 教会は霊的共同体であり, 自発的な愛の共同体であるから, 外形的統制によるところの法はなじまないし, むしろ法は教会員相互の愛の交わりの関係を殺してしまうとして, 法は教会共同体の本質に反するというルードルフ・ゾームに代表される見解が, 昔から根強くあります. このような見解は, ドイツを中心にラント制国家〔領邦国家〕のもとに置かれた教会が国家との関係において自由教会になっていくとともに, 敬虔主義の流れが強まる 19 世紀ヨーロッパにおいて前面に出るようになったと見ることができると指摘されていますが (渡辺信夫『〈増補改訂版〉カルヴァンの教会論』一麦出版社, 2009 年, 197 頁. 以下, 『増補改訂版教会論』と略記. なお, ドイツの主としてルター派教会における教会法論形成の史的経緯については, 和田昌衛『ドイツ福音主義教会法研究』), 20 世紀においても, エーミル・ブルンナーなどによって教会は「純粋な人格共同体」あるいは「生命共同体」であるとして, 教会の「法制化」の危険が強調され, 教会法の否定が説かれていることは広く知られているところです. もちろんこれはプロテスタント教会の側においてであって, ローマ・カトリック教会も含めて考察して, ローマ・カトリックの場合は教会法は必然かつ可能であるが, プロテスタントの場合は消極的に考えるべきであるとする見解は教会法学者以外からも出されています (たとえば法哲学者グスタフ・ラートブルフ, 碧海純一訳『法学入門』東京大学出版会, 1964 年, 235 頁等). しかし, これは教会法を国家法と同質のものと考え, しかも, 法を人為的な外からの権力的統制手段とだけみるところから生じる誤解ではないでしょうか.

　教会の秩序や法をまったく視野の外におくとき，人間的恣意や偶然に支配され，キリストの支配から遠ざかる危険の方がむしろ大きいと言わなければなりません．さしあたり，一言このことを指摘しておきます．

　わが国の場合も，同様の誤解は強く，しかもそこから，一切の既存の教会制度を打破するトータルかつラディカルな批判こそ教会のあり方にふさわしいといった安易な変革志向を受け入れやすい体質が，わが国の教会の歴史の浅いこととも関連して，露呈されましたし（いわゆる教団紛争における問題提起者の動き），現在でもそれはかなり根強く存在しているものと思われます．

　実は，真実の正しい教会法に対するそれらの誤解の根底には，教会法を近代市民法的思考の枠の中でだけ捉えていることもあると考えられます．

　近代市民社会の法の基本原理は，人は何ゆえに他者に対して義務づけられるかという法の根本問題につき，「自由意思」を他者への義務の根拠とするところにあります．これはいわゆる近代自然法論の説くところでありますが，それが，私法においては私的自治の原則あるいは契約自由の原則となり，公法においては，ルソーの「社会契約論」のように，人民の国家主権に対する義務づけ（服従）の根拠を人民の意思に求める広い意味での民主主義思想となりました．つまり，自分たちの選んだ代表が作った法によって統治されることは，結局自分たちの意思に服することで，是認できるのであり，それにより，人民の自由と平等は確保されるというのです．たしかに，自由・平等の個人を基本とし，絶対的存在とするとき，法は本質的に契約であり，人民の総意であります．

　しかし，教会の法は，このような思考論理をもって基礎づけることだけでよいのでしょうか．教会法が個人とその自由意思の尊重によって基礎づけられると考えられるとき，教会法の基本は民主主義原理のみとなり，果ては総会および多数決原理の議事法でたりるとし，権利の主張とその保護を第一とするようになりましょう．そのような教会会議におい

ては，作為された多数決，虚構の少数意見尊重，対話の名による取引と
いったものがなされる危険さえあります．そしてそこには，人間の自己
絶対化＝高慢が必ず頭をもたげます．反キリストへと繋がる危険性です．
私たちの教会法意識の中に，このような歪みが潜んではいないでしょう
か．

　私たちの課題の中心は，福音主義教会にとって教会法とは何か，ある
いは福音主義教会法は成り立つのかという問題です．そして，それにつ
いては，福音主義教会には固有の教会法があるのであり，独自の法理論
によるその教会法論の形成作業は不可欠であるというべきでありましょ
う．非力ながら，その課題に取り組まなければならないと考えています．

第2章　教会法の基本的考察

1. 教会法の本源的主権者 ―― 教会の頭<ruby>頭<rt>かしら</rt></ruby>なるキリスト

　一般に法というとき，その本質は契約であるといわれますが，教会法を考えるとき，基本的に大事なことは，キリスト教会の根底にある契約は，神が主キリストにおいてその主権をもって神と人との間に立てられたものであるということであります．

　天地の創り主・全能の神は，御独り子・主イエス・キリストにおいて父なる神として自らを顕され，ただその極みなき愛のゆえに，主キリストの十字架と復活により私たちの罪を贖い永遠の命を与えたもうとのキリストによる救いの契約を立てられました．

　この契約を良心をかけて受け入れる決意を告白した者たち，すなわち主キリストとその御業を信じて洗礼を受けた者たちは，神との関係がこの契約によって定まることを受け入れたのみでなく，その者たちがこの契約による秩序の中で相互に人格的関係に立ち，彼ら相互の関係がこの契約に基づく法によって秩序づけられることを受け入れたのであります．そこに教会の存在基盤がありますし，この契約に対する教会の応答である信仰告白を自らの決断をもって受け入れ，それを告白して洗礼を受けるところに，教会法を基礎とする教会員相互の秩序が成り立つのです．

　教会と主キリストとの関係については，聖書に次のような基本的証言

があります.「教会はキリストの体であり」(エフェソ1：23),「御子は
その体である教会の頭です」(コロサイ1：18).さらに,「キリストにより,
体全体は,あらゆる節々が補い合うことによってしっかり組み合わされ,
結び合わされて,おのおのの部分は分に応じて働いて体を成長させ,自
ら愛によって造り上げられてゆくのです」(エフェソ4：16)とあるように,
キリストが教会の唯一の頭であり,主権者であり,そのもとにキリスト
によって秩序ある教会が形成されるのです.

　こうして,教会の秩序・制度・法の基本原理は,「頭なるキリストの
支配の貫徹」に尽きます.教会員全体の合意による民衆支配のデモクラ
シーではないのです.「頭なるキリストの支配」とは,「主のみが教会の
うちを統治し・支配し,上に立ち,また際立っておられ,更にその支配
が御言葉のみによって実現され・遂行されねばならない」ことであり,
このゆえに,御言葉を正しく聞き,御言葉によって統治されることであ
ると説かれ(カルヴァン,渡辺信夫訳『キリスト教綱要　改訳版』Ⅳ・3・1.
新教出版社,2009年.以下,渡辺旧訳を用いる場合もあるが,すべてカルヴァ
ン『綱要』と略記),「真の教会については,われらの主イエス・キリス
トが定められた規律に従って統治されなければならないと,われわれは
信じる」(フランス信仰告白第29条,『改革派教会信仰告白集』第Ⅱ巻,一
麦出版社,2011年,111頁.以下,RCSFと略記)と,教会は告白してきた
のです.また,K.バルトがエーリク・ヴォルフの教会論に「兄弟団的
キリスト支配」とあるのを支持して,さらに「『キリスト支配的兄弟団』
としても,見られ理解され記されてよいであろう.……しかも,このキ
リスト支配という概念によって,『兄弟団』は,法的共同体として,特
徴づけられる.すなわち,イエス・キリストの優越的な法によって秩序
を与えられる共同体として,特徴づけられるのである」(バルト,井上良
雄訳『教会教義学　和解論Ⅱ／4』新教出版社,1972年,771頁.以下,和
解論と略記)と論じていることも,ここで指摘しておきます.

　以上述べたことは,教会法は,本源的には主キリストが真の法主体者

として定立するものであることを意味します．キリストの神が教会法の本源的主権者であるというこの理解は，教会法につき考えるときの根本的指針なのです．

　教会はクリスチャンが任意に集まり，協定をして作った団体ではありません．つまり，私たち信者が自由な意思により合意をしたその相互間の契約に教会法の基礎があるのではありません．教会は，神が主キリストにある召しによって集めたもうた群れであり，主が建てたもうたものであります．主キリストの十字架と復活を信じ，この主のみもとに召されて集まるとき，私たちは新しい人間（生ける石）とされ，聖徒（神のもの）とされるとともに，主によって整えられ，霊の家に築き上げられ（Ｉペトロ 2:5），頭なるキリストの体として教会が建てられます（エフェソ 4:12）．教会が主キリストによって築きあげられ，頭なるキリストのもとに整えられるということは，主キリストによって教会固有の秩序が与えられているということであります．その秩序が教会法です．

　教会は，頭なるキリストから教会的権能を授けられています（マタイ 18:18，28:19，20）．この教会的権能を正しく行使して主に仕えるには，その権能行使にふさわしい正しい法をもっていなければなりません．それは，教会のどのような人または組織体にどのような職務・権能を託するかを中心的課題とする教会としての秩序であり，これを制度化するのが教会法の役割です．

　教会法にあっては主権が主キリストにあると申しましたが，主権とは，法を立てる基礎となる権威・権力のことです．教会においては，何が秩序であり，法であるかを頭なるキリストが示される．イエス・キリスト自身が教会の生ける法である．教会法のすべては，本質的にこの主キリストから出てくるということであります．

　おおよそ，法においては，主権がどこに存在するかによって，法の本質と原理が定まります．世俗法においては人間に主権が存するとします．カリスマ的または伝統的に一人にであれ，合理的に複数人または国民全

体にであれ，人間に主権が存するとします．しかし，教会法においては，前述のように，教会の頭なる主キリストにこの主権が存在する．このことから，世俗法とはまったく異なる教会法の考え方，その原理と構造の理解が出てくるのであって，世俗法に慣れた思考を根本から転換することを求めます．このようなわけで，教会法を考えるときに大事なことは，教会法を世俗の法の論理（たとえば憲法の原理）やそのアナロジーによって根拠づけようとするならば，その出発点から誤ることになるということです．

　ここで私が思うことは，かの「ノアの洪水」の後，神は人間に対して契約を立て，それによって新しい秩序を与えられましたが，人々がこの秩序のもとに増え広がり，この秩序によって協力して壮大な建築ができることを知ったとき，おのれを主体者とする新秩序建設へと進み，そして言葉が乱れて四散してしまった，あのバベルの塔のことであります．教会の法につき，人の自由意志を主体とする思考が充満していないかどうか，反省を忘れてはなるまいと思います．教会法の世界においても，バベルの塔のような事態は，起こりえるのです．

2. 教会法の立体的構造 ── 啓示教会法と実定教会法

　ここでは，教会法の基本的構造につき考えます．

　前項 1. では，教会法における真の本源的主権者ないし法主体者はキリストの神であり，教会の法は基本的に主キリストから発すると述べました．したがって，見える教会が実際にその教会法を定めるのも，この主の信託を受けた第二次的法主体者としてであります．

　先人の説くところの重要な一節を引用しておきましょう．「〈教団の秩序を問題にし，したがって，教団における法を問題にする場合にも，『教団』という概念における第一次的主体と第二次的主体の間の真正な関係

が守られねばならない〉．……『教団』という概念において，イエス・キリストが，この彼のからだの首として，第一次的に働きたもう主体であり，それに対しては，同様のことを働く人間的な聖徒の交わりは，自分をただ第二次的主体としてしか理解出来ない……．教会においては，この〔イエス・キリストが第一次的主体であり，教団は第二次的主体であるという〕関係の基準に従って正しいものが，法であって，それ以外のものは，不法である」（バルト，井上訳『和解論Ⅱ／4』118－119頁）．このことは，基本的に教会を頭なるキリストの体であると信じる教会観に立脚する以上，当然のことでありましょう．

　それゆえ，見える教会の教会規則（たとえば，日本基督教団の教憲・教規）などのいわゆる実定教会法については，上述の意味のキリストから発する法がその根底にあることを常に踏まえていなければなりません．このキリストから発する法のことを，私は「啓示教会法」とよびます．この啓示教会法は，「霊的な法」（K. バルト）であり，聖霊による法とも言えます．教会はこれに従って第二次的法主体者（第二次的主権者）として実定教会法を制定し，解釈し，執行するのです．

　啓示法としての教会法は，聖書に基づいて，教会一致の祈りと神学的作業によって，より根本的には聖霊の導きによって明らかにされるべきものであって，教会法体系の基礎的部分を構成する最高法であります．この啓示法が存在するとの認識に立つことが，教会法が世俗法と根本的に異なる特徴的な点であります．これに対して，実定教会法は，教会の立法機関が正規の手続きによって定めた制定法と，教会の伝統に基づく慣習法その他の不文法とに分かれるわけであります．このことについては，後述します．

　ところで，教会法につき啓示教会法と実定教会法とを分けて考察を進め，また運用するこのような二重構造論は，あくまで一卑見です．K. バルトは，教会法を「人間的な法（ius humanum）」として，「神的法（ius divinum）」と明確に区別し，教会法は絶対に「神的法」にはなりえない

と説き（後述する中世カトリック教会の教会法の神法性の主張の否定），た
だ「教団がイエス・キリストの受託者として行動し（ことに教会法の事
柄に関して，彼の受託者として行動し，ただ受託者としてだけ行動し），そ
の法がイエス・キリストを首とするからだとしてのその生命に与るとき
に，教会法は生きた成長する法」となると述べています（『和解論Ⅱ／4』
180頁）．このような見解からもわかるように，世俗法と質的に異なる教
会法の特質をその構造論において示すものとして，上記のように啓示教
会法と実定教会法との二つに分け，その両者の関係を論じていくのが肝
要と考えています．

　啓示教会法と実定教会法との分類については，この両者がどのような
関係にあるか，また両者の違いと役割とはいかなるものかを考えておか
なければなりません．その両者の関係は，ほぼ次のようにまとめること
ができましょう．

　第一に，啓示教会法は，実定教会法を基礎づけるということでありま
す．実定教会法は，基本法（世俗国家の場合なら，憲法にあたるもの．教
団の場合は，「教憲」）を基軸として，「教会」の信仰的論理により体系的
に構築されるものでありますから，啓示教会法はまず実定教会法の基本
法を基礎づけるのです．したがって，基本法が制定された場合に，それ
が正当とされるのは，基本法の制定が教会会議において多数者によって
支持されたということだけによるのではなくて，啓示教会法によって正
しいとされ，基礎づけられることによるのです．

　基本法の改正も，基本法の定める改正手続きによってなされたという
ことだけでは，手続き的合法性を充たしているというだけであって，そ
の正当性は，やはり，その改正内容が啓示教会法によって支えられるも
のであるときに，認められるというべきであります．もし，啓示教会法
に違背すること明らかな実定教会法が制定されているとすれば，それは
形式上は法の外観を備えていても，教会法としてはその効力を認められ
るべきではありません．それは改正を必要とすることになります．

　第二に，実定教会法は，たえず啓示教会法によって厳しく吟味されなければなりません．それは，福音の御言葉によって教会が正しく改革され続けるという改革教会の伝統の重要な一側面であります．実定教会法の自己絶対化は厳に戒められなければなりません．したがって，啓示教会法を正しく把握しようとする神学的努力は常にきわめて大切であります．

　第三に，啓示教会法は，実定教会法に対し，実定法の内容（たとえば，教団の教規のある条項の意味）が不鮮明で，解釈上の疑義がある場合に，その解釈の基準を提供し，また実定教会法に定めのない事項について，法解釈を導いてその補充をする役割を果たすものであります．

　このように，実定教会法の制定，解釈，運用，改正等を進めるにあたっては，常に啓示教会法を尋ね極める努力を重ねることが肝要であって，それは，主の名による教会の会議において一つなる祈りに徹して，聖霊の導きに従ってなされなければなりません．主は，「二人または三人がわたしの名によって集まるところには，わたしもその中にいるのである」（マタイ 18：20）と仰せられて，わたくしたち教会を導きたもうのです．そのようにして与えられる結論は，法的な当為命題により表現されるものであるので，実定教会法に対して啓示教会法と名づけているのです．

　このような実定教会法に対する啓示教会法の意義が正しく理解されて，それが生かされるとき，実定教会法の解釈が次第に統一されて教会の一致を強めるとともに，妥当な先例法（判例法）や法改正による実定法の充実がもたらされるのであり，このようにして，教会の務めを果たすにふさわしい教会の平和と秩序を維持し続けることができるのであります．

　以上述べたことに関連して，ここで，次の二点を付け加えておきましょう．

　第一に，実定教会法に対して啓示教会法を立てる考え方は，中世カトリック教会が主張した教会法の「神法性」（ius divinum）の否定の上に立っ

ております．ローマ・カトリック教会は，教皇制や聖職職階制などのいわば実定教会法であるものにつき，これが神から直接に由来するものと主張する，つまり神法であるとの主張に立っていました．しかし，宗教改革による福音主義教会は，「聖書のみ」に立って，イエス・キリストによって啓示され，聖書によって証しされるキリストの福音以外に神から直接に由来するものを認めません．改革者の掲げた「聖書のみ」は，ローマ・カトリック教会法の「神法性」を否定し，それにより教皇制や聖職ヒエラルヒーを否定し，礼拝改革へと推し進める改革原理となったのです．福音主義教会法の実定法は，あくまでも見える教会の定める法，人の定める法であって，それ自体は神が定めたもうたものではありません．ただ，福音主義教会法においては，人定法である実定教会法とは別に啓示教会法の観念があって，それによって実定教会法が支えられ，常に新たに正されていくという認識が大事なのであります．

　第二に，ここで啓示教会法について述べたことは，それが自然法とは違うこと，しかも，福音主義教会法においては，自然法なる概念を認めるべきではないことを前提にしているということであります．世俗法においては，法の基礎的分類として，実定法と自然法の分類があります．実定法というのは，特定の時代と社会を現実に規律していて，実証的に把握されうる法のことで，制定法や慣習法および判例法などから成っています．これに対して，人間の本性や事物の本質などのもっと根源的なものに基づく法があるとして，それを自然法とよび，それが実定法を基礎づけ，補正し，もし実定法が悪法ならばそれを否定するとする法思想があります．この世俗法における自然法を認める見解と同様に，ローマ・カトリック教会法では，自然法なる法観念を認めています（たとえば，ホセ・ヨンパルト『教会法とは何だろうか』成文堂，1997 年，46 頁）．

　確かに，自然法を認める見解は，世俗法においては重要な法思想であると思いますが，教会法においては，上に述べたように，啓示教会法と実定教会法との二重構造として捉えるべきである，と，私は考えていま

す．「人間の救いは神の恩寵（神がキリストの贖罪の犠牲を受納されたこと）のみによる．これによって明らかにされた自然神学の否定は，また，教会法の基礎づけにとっても重要な意味がある．すなわち，そのことから自然法によって基礎づけられた（限界づけられたのでもなく）—— 人間的な —— 教会法の拒否という結果になる」（Erik Wolf, Ordnung der Kirche, 1961, S.65）というわけです．福音主義教会法において自然法を認めないのは，このように教会法を創造の秩序において捉えるのではなく，救済（和解）の秩序において捉えるからであると言ってもよいでしょう．

　以下，啓示教会法のことを念頭に置きつつ，実定教会法につき考察を進めることになります．

3. 実定教会法の存在形式 —— 成文法と不文の法

　ここで取り上げるのは，実定教会法の存在形式の話です．実定法としての教会法は何処にどんな形で存在するかということです．法という水が湧き出てくる源に関する理論という意味で，法学では法源論ともいわれます．

　1. において，法は教会にとって本質的必然的なものであることを述べましたが，その結果，教会のあるところには，常に教会法が存在しているということができます．一般に，「社会あるところ，法あり（Ubi societas, ibi ius)」と申しますが，それに劣ることなく現実的に，「教会あるところ，教会法あり」ということができます．ただそれは，必ずしも明文の法規の形を成して存在するとは限りません．実定教会法は不文の法として存在する場合も多いのです．

　本書第一部第 1 章で，金沢教会の教会規則案を作ったことに一言ふれましたが，それもその大部分は，金沢教会が百年に及ぶ歴史の中で，教会の伝統に基づいていわば慣習法として守ってきた不文の法を，明文の

規則にしたものであります．もっとも，丁寧に言えば，それは金沢教会の中だけで形成されたものではありません．むしろその大部分は，金沢教会の伝統である改革長老教会の法であります．具体的には，旧日本基督教会の規則等をとおして受け継いできたもので，基本的には改革教会の伝統というべきものが多いのですが，その経緯については後で述べます．その伝統による不文の法が，金沢教会の日常的な歩みの中で，金沢教会の法として経験的に確認されてきたのであります．私は，教会規則の制定にあたり，これを整理し，福音主義改革教会の信仰に照らして，これに再検討を加え，教団の教憲・教規との整合を図りつつ，現代的法技術的加工を加えてまとめ上げたのです．

　教団の教憲・教規と各個教会規則との関係については，後で取り上げる予定ですが，ここで，金沢教会規則制定のときのことにふれましたのは，不文の法というものがあるということ，そして多くの教会は，これによって規律されていることが多いということに注意していただきたいためであります．

　一般に世俗の法は，不文の慣習法が先に発生し，次いでそれを再確認したり，より詳細に明確にする必要から，成文の法が作成されることが多いのです．また，不文法を修正するために，成文法規を作ることがあるのは申すまでもありません．ただ，不文の法は，それが先に存在したということだけでなく，成文法の基礎にある原理を示すことが多いという意味で，重要であることを指摘しておきたいと思います．教会法の場合は，特にそうであります．

　このようなわけですので，成文法規をもたないから法がないということはできないのですが，さらに，このような伝統ないし不文の法をまったく無視して，そのとき出席した教会員の多数の意思だけで教会の規則を作っても，それは教会法的に健全ではないのです．

　また，制定法規の解釈・運用にあたっては，それと関連する伝統や不文の法との整合において，制定法規の基礎にあるものを明らかにするこ

とが大事であります．単に明文の規定の文言の枠の中で，つじつまを合わせて「合法性」を主張することでは不十分であることが多いのです．

　次に具体的に，日本基督教団の場合につき一言記します．教団では，基本法として「教憲」があり，そのもとに教憲施行法としての役割も込めて「教規」（教憲第 11 条）が定められています．そのため，それぞれの改正については，前者が厳重な手続きになっています．もっとも，子細に見れば，教規の中にも教憲と一体となって基本法的な働きをする重要な規定がかなり存在しますから，「教憲・教規」とひとくくりにして教団の基本的制定法と理解するのが妥当です．そして，教憲・教規のもとに諸規則が定められていますが，その中でも教師検定規則と戒規施行規則とは，教憲・教規に類する重要なものです．これらが教団の制定法で，立法機関としての教団総会（およびそれに準じる常議員会）の議決により制定または改正されます．ところで洗礼と聖餐については，教憲（第 8 条）においてこれらが聖礼典であると規定されてはいますが，その内容は明記されていません．しかし，これらについては，洗礼は父と子と聖霊の名により水をもってしなければならないこと（『十二使徒の教え［ディダケー］7』）および聖餐は受洗者だけが与れること（同上 9）というのが，キリスト教会における伝統ないし確立された不文法であります．上記の教憲第 8 条がそれに従っていることは否定できないところです．もし，諸種の解釈論を重ねてこの不文法を否定または修正しようとするならば，それは啓示教会法に照らして誤りというべきでしょう．

　教団所属の各個教会では教会総会の議決による各個教会規則が制定法ですが，前にもふれたように，各個教会においても伝統または慣習のかたちで不文の法があります．成文の教会規則をもたない教会でも，慣習や慣行など（いわゆる慣習法）によって教会が運営されているのであって，それは不文の教会規則を有していると理解すべきです．その内容は，成文の教会規則と同様に教憲・教規に違反してはなりませんが，かといって，教団の提示している「日本基督教団○○教会規則（準則）」のとお

りにしなければならないものではありません．教団所属の各個教会は，それ自体で主キリストの体なる教会としての歴史的伝統を有し，その多くは教派的伝統ですが，その基本的なものは「教会の歴史的特質」として，教憲前文において尊重すべきものとされています．なお，このことについては，後に教団の法を論じるところで取り上げます．

　慣習法の次に判例法も，世俗法の場合と同様に，教会法の法源の一つです．ただし，たとえば教団の場合は，制度的な教会法廷がありませんので，実際に判例法というものをイメージしにくいのですが，戒規執行の決定およびその上告審判等は判例的意義を有すると考えられます．

　最後に，注意すべきことは，実定教会法の存在形式を述べるには，成文法と不文法という分類が基礎的分類なので，ここではこの分類に立って述べていますが，教会法の問題を考察するにあたっては，不文法の形で現れることの多い「教会的伝統」が実定教会法の基礎にあるという理解が決定的に重要なことであるということです．およそ，精神的共同体においては，伝統はその生命にかかわる重要事です．したがって，以下に述べるところでは，必要に応じて，教会的伝統にふれますし，それが明確に関係する問題については，特定の教会的伝統，特に，改革長老教会の伝統を顧慮しつつ論述することになることをご理解ください．

4. 国家教会法（宗教法）を超える教会法

　実定教会法につき述べたことに関連して，ここで，教会法は，国家教会法ないし宗教法とはまったく異なることにつき，一言述べておきます．

　教会は，世俗的には社会団体として存在しますので，国家は，他の一般団体に対すると同様に，教会に対する法をもっています．しかも宗教団体ですから，わが国では宗教法人法が定められていて，それに基づいて各教会（全体教会および各個教会の双方）において宗教法人規則が定め

られています．さらに，教会の宗教的活動の外形が，個々に社会活動と
して，国家法の規律対象とされることが生じます．この意味での国家法
を，一応，「国家教会法」と申し上げておきますが，わが国では，宗教
もしくは宗教団体に関する法規の総称として，「宗教法」とよばれてい
ます．その場合，これまで述べてきた本来の意味での教会法は，宗教団
体内部の自治法（内規）と位置づけられて，宗教法に関する一般の概説
書では，ごく短く付言される程度です．

　しかし，キリストの教会の本来の秩序は，国家教会法によって維持さ
れるべきではありません．また，国家がその限界を超えて教会の内部秩
序に関与してくることは，否定しなければなりません．

　こうして，主キリストが神としての権威をもって世俗権力を超えてい
たもうと同様に（エフェソ 1：20−23），教会は，国家の宗教法を超えて，
自律的教会法によってその秩序を維持しつつ，主の権威を証しするので
あります．国家教会法については，さらに後で新たに項目を立てて論じ
ますが，このようなことをわきまえて，教会法につき基本的考察を進め
ていくことにします．

第3章　教会法の内容

1. 教会法の目的と内容

　法がどのような原理によって構築されているかを考察しようとするとき，最も大事なことはその法の目的は何か，です．一般に，法は特定の目的をもって社会を規律し秩序づけようとするときの手段ですから，法がいかなる目的のために存在するかということを明確に把握しておりませんと，その法を正しく理解し，運用することができません．教会法も法である以上，それは一定の目的に対する手段的存在であり，技術的性格をもっております．その目的を確認することによって，教会法の特質や基本原理が明確になるのです．そこで，ここでは教会法の目的と特質について述べることにいたします．

　もとより，前述のように，教会は主キリストの体であり，それは秩序を伴った体ですから，すでに法的存在であります．教会法の存在基盤はこの点にありますが，教会法の理解をより明確にするために，その目的につき考えるというわけです．

　教会法の目的は，教会が頭なるキリストの体であるように教会を正しく整えることにあります．すなわち，教会法は，教会が頭なる主キリストに誠実と従順を誓い，主キリストにのみ聴き従い，主キリストに奉仕するように秩序づけるための法であります．こうして，教会のすべての秩序は，教会の福音信仰の純正を保持し，頭なるキリストの支配と主権

を確立するためという目的に向けられていなければならないし，それに反する秩序は排除されなければなりません．教会法は，神がイエス・キリストを通して教会に委託されているその務めを，教会が神のみこころにかなって正しく果たすことができるようにするために，神がキリストにあって立てたもうた秩序だからです．

それゆえ，教会においては，先に教会の本源的主権者につき述べたキリストの主権と支配のため，その福音信仰の純正の保持がすべてに優先します．主の問いに真っすぐに「あなたこそ，生ける神の子キリストです」（マタイ 16：16，口語訳）とフィリポ・カイサリアにおいてキリスト信仰を告白し，また去り行く者の多い時にも「主よ，われら誰にゆかん．永遠の生命の言は汝にあり．又われらは信じ，かつ知る．なんぢは神の聖者なり」（ヨハネ 6：68, 69, 文語訳）とその信仰を明確にした使徒にならって，福音信仰を確かにし，その純正を保持することです．

この「福音信仰の純正の保持」のために，古代教会は，使徒のキリスト信仰を正しく告白する信条，すなわち使徒信条やニカイヤ・コンスタンチノポリス信条等を教会の公同の信仰を言い表す基本信条として確立し，さらに宗教改革をへて，福音主義改革教会の福音信仰をよりいっそう明確に表白する諸種の信仰告白が告白されてきました．

しかも，改革教会は，その信仰告白をもって，キリスト信仰を世に対して宣明するとともに，教会とその肢なる教会員に対して規範性を有するものとしています．わが国では，最初の福音主義改革教会である日本基督一致教会が，その「日本国キリスト一致教会政治規則（教会政治）」の冒頭にウェストミンスター信仰告白等を掲げた上で，「此ノ規矩ニ反セル教ハ之ヲ主張スルコトヲ得ズ，又之ヲ教ルコトヲ得ザルナリ」とその規範性を明確にしたのが，その好例でしょう．

福音主義教会においては，このように信仰告白が明確になされていなければなりませんし，信仰告白を堅持し続けなければなりませんが，それとともに大事なことは，その信仰告白の上に教会法が構築され，教会

（組織）法が信仰告白と一体的関係に置かれていなければならないということであります．両者はそれぞれ孤立して完結するものではなくて，連結一体的に捉えられてこそ，それぞれその役割を正しく果たし得るのであり，その意味で，相互に支え合うものと理解すべきです．

　教会法は信仰告白によって基礎づけられ，本質的に手段的存在であることを自覚せしめられて，より堅固な秩序へと発展するのであり，信仰告白は，適切な教会法によって整えられた教会においてこそ，教会の告白としての生命を保つのであります．教会法によって教会の秩序を整えるのは，信仰告白を堅持するためでもあると言ってよいでしょう．

　たとえば，有名なハイデルベルク信仰問答が，実質的には信仰告白でありますが，それはドイツのファルツ領邦教会の教会規則の一部でした．このことは，改革教会における信仰告白の規範性または拘束性の承認につながる大事な点でありますので，特に記しておきます．

　教会法が信仰告白と一体的共同関係を保つとき，教会法は，主キリストを頭とする告白によって，その法がキリストを主権者とする法であり，神のための秩序であるという，その基礎と目的の点で正しく位置づけられ，誤りなくその役割を果たすでありましょう．教会法は，信仰告白を源泉とする法であり，信仰告白に凝集する法であります．ですから，教会法は間接的にではあるが「告白する法」（E. Wolf; Ordnung der Kirche, S.66, "Bekennende Ordnung"）とよぶこともできましょう．

　ちなみに，本書第五部で解説するモデル各個教会規則第 1 章は総則となっていて，その第 3 条は，「使徒信条およびニカイア信条等の基本信条に言い表されたキリスト教の公同の信仰を基礎とし，福音主義改革教会の信仰によって立ち，……日本基督教団信仰告白を告白」すると定めて，教会の拠って立つ信仰告白を明確にしています．そして大事なことは，この規定の次に教会（組織）法の基本に関する第 4 条が置かれていることであります．つまり，信仰告白が教会（組織）法に先行する位置を与えられており，信仰告白が教会組織法の基礎に置かれるべきもので

あることを明示しています．なお，このモデル各個教会規則については，本書第五部で改めて別に解説いたしますので，それを参照してください．

　以上のようなことを踏まえて教会法の目的について考えますと，まず，福音主義教会は，「聖徒の集まりであって，その中で福音が純粋に教えられ，聖礼典が正しく執行される」（アウグスブルク信仰告白第7条，『ルーテル教会信条集《一致信条書》』聖文舎，1982年，38頁）と明示されていますから，これに応じて教会法は，説教と聖礼典が正しく保たれるための法であり，礼拝の秩序を整えるための法でなければなりません．

　また，信仰告白と礼拝秩序の保持のため，そして昇天なされたときの主のご命令，すなわち「あなたがたは行って，すべての民をわたしの弟子にしなさい．彼らに父と子と聖霊の名によって洗礼を授け，あなたがたに命じておいたことをすべて守るように教えなさい」（マタイ28：19－20）とのご命令に忠実であり続けるために，教会としての奉仕の秩序と奉仕を進めるための会議の仕組みが調えられていなければならないでしょう．

　さらに，それらの秩序を保持し，教会員の信仰を鍛練し奉仕を高めるために，そして異なる福音が教会を蝕むことを防止し，異端を排撃するために，訓練戒規を調えることも，教会法の大事な課題です．

　したがって，教会法は，前にも指摘したことですが，どのようにして教会員の意思を統合するかということを第一の目的とするものではなく，教会員の利益の調整をどう図るかとか，教会の事業を計画的に統一的に進めるためということが課題ではありませんし，世俗国家法（たとえば宗教法人法）の手続きを進めやすくするためにあるのでもありません．まして，教会の規則などが，教会におけるヘゲモニー〔主導権〕争いに利用されるだけだとなれば，その目的からの逸脱と堕落は極まりりと言えましょう．

2.　教会法と礼拝秩序

　モデル各個教会規則は，教会組織法に関する第 4 条に続いて第 5 条を
おいて，礼拝，聖礼典，伝道，交わりおよび信仰の鍛練を「教会の務め」
と規定していますが，特にその第 2 項は礼拝について，その第 3 項は聖
礼典について規定していることに注目してください．これは，礼拝およ
び聖礼典を正しく秩序づけることと教会法とは不可分離の関係にあるこ
とを示しています．礼拝および聖礼典と教会法との関係は，一言で言え
ば，教会法の目的が礼拝および聖礼典を正しく整えることにあるととも
に，教会法は礼拝および聖礼典によって支えられるという関係でありま
す．

　教会法の基礎，特にその本源的主権者について前に述べたところ（第
2 章）から考えても，また，教会法と信仰告白との関わりについて述べ
たところからも明らかなように，そしてくり返し述べたように，教会法
は，頭なるキリストによって啓示され，聖霊により力を与えられて働く
ものであって，その本質において霊的な法でありますが，現実態として
は，基本的に神礼拝の秩序であります．生ける主が真ん中に立ちたもう
礼拝による新たな秩序であります．

　「改革主義の礼拝の新しい実質は，ある新しい認識でも宗教感情でも
なく，……彼の御姿によって触発された宗教感情でもなく，彼そのもの，
生きた現臨の主であると．もっと厳格に言えば，〈礼拝の核心はこの主
の一行動である．彼が登場し，御自分の群に立ち上がることを命じたも
う〉のである」（ニーゼル，登家勝也訳「改革主義教会の公礼拝形式」『イエス・
キリストとの交わり』改革社，1983 年，187 頁）．

　それに応えて，礼拝や聖礼典が聖書に基づいて正しく保たれるべきことは，聖書が厳しく教えるところです（たとえば，Ⅰコリント 11 章, 14 章）．まず，異言を抑制統御し，預言をそれに優る第一の務めとして，説教と説教職の基礎を明確にしています．教会とその礼拝の秩序は，福音告知の秩序だからです（Ⅰコリント 14 章）．さらにそれを推し進めるとき，そこに聖礼典の秩序があります．説教や聖礼典が乱れるとき，教会は信仰的に無秩序となり，その生命を失い，使命を見失う結果となります．このゆえに，教会法は，礼拝や聖礼典を整え，それが人間の傲慢によって乱されることを防ぐことを第一の目的としています．

　そこで，実際的に礼拝式順の基本を固めることが肝腎になります．カルヴァンがジュネーブ教会礼拝式順の序文にこう記していることは，よく知られているところです．「これを要約すれば，われらの主がお命じくださった三つの要素がある．神の言葉の説教，公的な荘重な祈り，聖礼典の執行である」と．

　今日，特に改革教会の伝統に立つ教会の基本的な礼拝式順はおおよそ次のようになりましょう．①神による召集 —— 招詞，罪の告白と罪の赦しの宣言．②御言葉の告知 —— 聖霊の働きを求める祈り，聖書朗読，説教，聖餐．③御言葉への感謝応答 —— 父・子・聖霊への讃美，祈り —— 特に執り成しの祈り，献げもの．④神による祝福と派遣 —— 祝福の祈り．この中でも，福音主義教会の礼拝の中核である説教は，厳密に聖書に基づいてなされるべきであり（シュトラスブルク，コンスタンツ，メミンゲン，リンダウ，四都市信仰告白第 1 章，RCSF Ⅱ, 220 頁），聖書朗読と一体であり，しかも人間のする説教が神の言葉を含むものとなるには，聖霊の御力によらねばなりませんから，聖霊の働きを求める祈りが重視されるべきです．そして聖餐は，この福音の告知との正しい連結において執行されるべきものです．特に聖餐を汚すことはキリストを汚すことに通じますから，聖餐の式順およびその司式者と陪餐資格者等の定めは重要な定めです．総じて，礼拝および聖礼典に関する定めは教会法

の大事な目的です.

　なお, 日本基督教団の場合は, その教憲第 8 条に礼拝および聖礼典に関する指針ないし基準の骨格が定めてあり, 教規等に若干これを補う規定（たとえば陪餐会員の規定）があるに止まります.

　次に大事なことは, 上述したことの反面, 教会法は, 礼拝および聖礼典によって支えられるのであり, また, 礼拝および聖礼典によって秩序づけをする法であります. 唯一の主なる神を礼拝し, その主に従順を誓うとき, はじめて, その主が主権者として定めたもうた教会の法を遵守する法意識も生じ, かつ高められるからです. また具体的に, たとえば, 教会総会議員の資格である現住陪餐会員というのは, 日頃教会の礼拝に出席している者のことで, 教会員のうち特に礼拝を大事にする者をもって教会総会を組織することにより, 礼拝を基礎にして教会総会がおこなわれ, 教会の秩序を立てるということであります. さらに, 教団の場合, 教会総会において長老（教会役員）が選出され, 総会において長老の中から教区総会議員が選出されて教区総会が構成され, 次いで, その教区総会における選挙によって教区総会議員の中から教団総会議員が選出され, 教団総会が組織されるというわけです. そのような各総会における議決によって教会・教団の規則など, 実定教会法が制定されることになります. ここに明瞭に, 教会法の基礎に礼拝があることがみえてきます. また, 教会総会の招集の公告も礼拝においてなされることにしています. このように, 教会の秩序は, 礼拝を基礎として形成されるべきものとされているのです.

　法意識のことは法の実現の問題に関して, また教会総会・教団総会などのことは教団の会議制の問題のところで, 後で取り上げたいと考えていますが, 要するに, 礼拝を正しく秩序づけるための教会法が, 同時に礼拝によって支えられているのです.

　なお, 1968 年に始まる日本基督教団の紛争と混乱, そしてその霊的衰頽を顧みるとき, 一方で, 礼拝の妨害または混乱と会議秩序の無視ま

たは軽視が並行して起こり，他方で，聖礼典執行の乱れとともに，教職制ひいては教師検定試験の混乱が生じました．教団の礼拝や聖礼典の乱れとこれらの法的脆弱とは相関関係にあります．

このように，教会法の目的を明らかにし，その特質を考察してくると，教会法が信仰告白と典礼を離れて，それだけで一人歩きするものでは決してないことは明確であります．くり返して申しますが，信仰告白をうやむやにし，礼拝や聖礼典が乱れたまま，あるいは軽視されるままで，教会法だけを，とりわけ制定法規だけを強調することは，教会法を正しく位置づけて運用していることではありませんし，そのようなしかたの強調があるところでは，必ず教会の健全性が失われるでしょう．

これまで述べたように，教会の形成においては，信仰告白と礼拝・聖礼典と教会法の三者の関係を聖書に基づいて正しく認識し確立していることが肝要です．次の一文は，そのことを要約している一例としてここに引用し，そのことを確認することにします．

「プロテスタント教会は，聖書を最高の権威としてその左右に聖礼典と信条とをもち，さらにそれが機構的に運用されることを必要とする．礼典，信条，機構の三者鼎立して教会を形作るのである．そしてこの三者は互いに整合的でなければならない．聖書の権威はこの三者の整合的な活動によって現実化されるのである．ところが未だ歴史の浅いわれわれの教会は，従来聖書を重んじ聖礼典を遵守するという根本的態度においては幸い大多数が極めて真醇であったが，信条や機構の方面ではあまり苦労もせずまた経験も深くはなかった．この状態は確かに小児未成年者に擬えられるであろう．……そこで聖書を重んじ聖礼典を守るという教会成立にとっての根本条件のほかに，さらに成人として必須の任務である信条と機構との整合的形成がつよく当面の問題となった」（熊野義孝「合同教団と信条の問題」『熊野義孝全集』別巻Ⅱ，1984 年，126 頁以下）．

　これは日本基督教団の合同成立直後に書かれたものですが，今日にも
そのまま当てはまる堅固な論述です．ただここに「機構」とあることに
ついては，私は，これを教会法と置き換えることができると考えており，
その意味でここに引用しておきます．

3.　奉仕の秩序 —— 教師職その他

　教会法の目的を考察することにより明らかになる教会法の次の内容
は，教会法は奉仕の法であるということです．世俗の法は，個人を主体
として，その相互の利害の調節を図るための法でありますが，教会法は，
教会の頭なる主キリストのご命令に応えて主とその教会に仕えるための
法だからです．主は，仰せられました．前記（マタイ28章）のように，「す
べての民をわたしの弟子にしなさい．彼らに父と子と聖霊の名によって
洗礼を授け」なさい，と．そしてさらに，諭されました．「あなたがたは，
代価を払って買い取られたのです．だから，自分の体で神の栄光を現し
なさい」（Ⅰコリント6：20）と．教会法は，教会がこの主のご命令に応
えるべく，教会員それぞれがその賜物にふさわしい務めを負い，一つと
なって主とその教会に奉仕するための秩序ないし組織に関する法であり
ます．

　教会法のこのような特質を生み出しているのは，教会は頭なる主キリ
ストに奉仕することによって，キリストの体として存在するということ
であり，また教会員は教会の唯一の主に奉仕することによって互いに結
ばれるとともに，互いに奉仕し合うことによってキリストの体の肢とし
ての存在であることを現すのであり，さらにそれらの根底にあるのは，
教会の頭として教会を支配したもう主キリストご自身が「仕えられるた
めではなく，仕えるために」（マルコ10：45）来りたもうたということ
であります．

　この奉仕の秩序に関して，特に礼拝を基として立てられる奉仕の職務
として最重要の教師の制度につき基本的なことをここで述べなければな
りません．

　頭なるキリストを主権者とし，福音信仰の純正を保持するための教会
法においては，諸種の奉仕の中でも，キリストの福音を告げ知らせ，説
き明かしする務め —— いわゆる「御言葉の役者」の務め —— が最も大
事な不可欠の奉仕の務めとされなければなりません．「信仰は聞くこと
により，しかも，キリストの言葉を聞くことによって始まる」（ローマ
10：17）のですから，教師に関する職制の確立は，聖書の正典化および
信条の制定とともに古カトリック教会成立の基本的要素でした．そして
改革者は，教師職につき次のように明確に記しています．「神は御自身
の教会を集めもしくは建設し，またこれを治め保つために，常に奉仕者
を用いられたし，今日も用いられ，さらにこの後も，教会が地上にある
かぎり，用いられるであろう．それゆえ，奉仕者の起源と任命と機能
は，きわめて古く，神御自身によって定められたものであって，新しい
ものでも，人間によって定められたものでもない．もちろん，神は御自
身の力によって，人々の中からある者たちを直接御自身に結びつけて教
会を建設することもできたであろう．しかし，神はむしろ人間の奉仕を
とおして，人々にかかわろうと願われた」（第二スイス信仰告白第 18 章，
RCSF Ⅲ，201 頁）と．また，フランス改革教会は次のように告白し宣言
しています．「われわれは福音によらないではイエス・キリストを喜ぶ
ことができないのであるから（ローマ 1：16 以下，10：17），かれの権威
において建てられた教会の秩序は聖なる侵すべからざるものでなけれ
ばならず（マタイ 18：20，エフェソ 1：22 以下），したがって教える務め
を担う牧師たちがいなければ教会は存続することができないし，かれら
が正式に招かれ忠実にその職務を遂行する時にはかれらに栄誉を帰し尊
敬をもって耳を傾けなければならないと信じる」（マタイ 10：40，ヨハネ
13：20）（フランス信仰告白第 25 条，RCSF Ⅱ，108 頁）と．

　教師職の教会的基盤は,「福音を宣べ伝えよ」(マルコ 16：15) との主の命令であり, 教会に託された鍵の権能であり, そのために主によって召され, 遣わされることにあります. ですから, この神が恩寵をもって召したもうたとの畏れと聴従の召命信仰が教師の立脚基盤であって, 適性や能力のいかんにあるのではありません. そして, 教会によって「正規に召された」と認められるとき, 按手を受けて教師に立てられます.「だれであろうとも, 正規に召された者でなければ, 教会において公けに教えたり, 聖礼典を執行したりしてはならない」(アウグスブルク信仰告白第 14 条,『一致信条書』44 頁) のです. この正規の手続きをすることは聖なる公同の教会に連なる全体教会の権能であり, その任職は, 教師職に就く者の上に手を置いて祈る按手礼によっておこなわれます.

　按手はその務めのために神に捧げる聖別の時であり, 聖霊の賜物を祈り求め, それを受けるようにとの行為です (カルヴァン『綱要』Ⅳ・3・16). これは, 主の職務への任職 (使徒 6：6) や宣教への派遣 (使徒 13：4) にあたり, 聖霊の賜物を受けるようにと祈りつつ, 神の働き人となる者の上に教師・長老たちが手を置いたという使徒の教会にさかのぼる教会的伝統としての法であります.

　なお, 福音主義教会は万人祭司論に立ちますから,「教師」はローマ・カトリックの聖職者のような霊的身分ではなく, 神の職務に奉仕する教会法上の資格です. ただこの資格は,「福音が純粋に教えられ, 聖礼典が正しく執行される」ことという福音主義教会の基本的教会認識 (アウグスブルク信仰告白第 7 条,『一致信条書』38 頁) に不可欠ですからきわめて重く, 教師は信徒と教会法上の地位を異にします. たとえば, 隠退教師または無任所教師でも信徒ではなく, いわゆる教会総会議員にはなれません. なお, 教師については, 教会組織法に関してさらに述べるべきことがありますが, それは本書第二部**5.**において論述することにして, 次に, 教師職以外の奉仕の務めにつき述べることにします.

　第一に, 教会の信仰的秩序維持のための法廷としての働きおよび信徒

の信仰を正しく保つために信徒を指導し訓練しまた慰める務めが，教師職とともに重要視されなければなりません．この務めは，長老教会においては，牧師と長老により組織される長老会（小会）に託されておりますが，長老会（小会）などこの務めを担う組織体が，教会組織法の中核になっていなければなりません．

　第二に，大事なことは，その牧師や長老の指導や統治の権威・権限は奉仕によって支えられるものであることです．すなわち，信仰に基づく奉仕による教会統治です．神に仕え，教会員に仕えることを通してでなければ，キリストを頭とする教会を統治するということはできません．このことはどんなに強調しても，強調しすぎることはありません．

　第三に，すべての信仰者（牧師と信徒）は，働きの違いはあるが，平等の地位に立って教会形成の務めを分担し，それぞれの賜物を捧げて奉仕することであります．すべての信仰者が平等の立場で教会の奉仕に参加するという奉仕の普遍性（バルト『和解論Ⅱ／4』145頁）と地位の平等性が，奉仕の秩序としての教会法の特色であります．また，この奉仕の普遍性と地位の平等性が，教会総会の基礎となります．

　第四に，奉仕の基礎として確認しておくべきことは，牧師や長老その他の奉仕者がそれぞれの奉仕の任務につくのは，主キリストの任命——まさに召命——によるということであります．聖書の次の一節を深く味わいたいと思います．

　「この降りて来られた方が……ある人を使徒，ある人を預言者，ある人を福音宣教者，ある人を牧者，教師とされたのです．こうして，聖なる者たちは奉仕の業に適した者とされ，キリストの体を造り上げてゆき，ついには，わたしたちは皆，神の子に対する信仰と知識において一つのものとなり，……愛に根ざして真理を語り，あらゆる面で，頭であるキリストに向かって成長していきます．キリストにより，体全体は，あらゆる節々が補い合うことによってしっかり組み合わされ，結び合わされ

て，おのおのの部分は分に応じて働いて体を成長させ，自ら愛によって
造り上げられてゆくのです」（エフェソ 4：10−16）．

　奉仕の秩序については，ある意味ではこのことが最も重視されるべき
ことと言ってもよいでしょう．そしてそこでは，教会の熱心な祈りが求
められるのです．「弟子たちのため教会ごとに長老たちを任命し，断食
して祈り，彼らをその信ずる主に任せた」（使徒 14:23）とあるとおりです．
　最後に，上述したこと，すなわち礼拝・聖餐および奉仕と関連して，
訓練戒規の制度がありますが，それを取り上げることはしばらく預かり
にして，前に進みます．

4. 教会法の体系

　以上，教会法の目的とそれに伴い明らかになる教会法の特質について
申し上げましたが，上述のこととの関連において，教会法の体系がみえ
てきます．
　すなわち，総体としての教会の秩序または広義の教会法は，第一に信
仰告白，第二に礼拝指針，そして第三に奉仕の職務を含む教会組織の法
となります．そして改革長老教会の場合，さらに訓練戒規がこれに加わ
ります．
　たとえば，アメリカ長老教会（Presbyterian Church ［U.S.A.］）の場合，
その Constitution は、Part 1 The Book of Confessions, Part 2 Book of Order
となっています．そしてその Book of Order は Form of Government, Rules
of Discipline, Directory for the Service of God の三部構成となっています.
つまり，信仰告白が憲法の第一部であり，第二部が教会の秩序（狭義の
教会法）となっていて，それは統治の機構，訓練戒規の規則および礼拝
指針から成るということです．以上のうち，信仰告白以外の礼拝指針，

教会組織法および戒規の三部をまとめて，狭義の教会法とよんでよいかと思います．

　このことにつき，日本のプロテスタント最初の全体教会である日本基督一致教会の憲法（Constitution）は，上記アメリカ長老教会のそれとほぼ同じく，「信仰の箇条」（Confession of Faith），「政治の規則（『教会政治』）」（Form of Government），「懲戒条例」（Book of Discipline），「礼拝模範」（Directory for Worship）から成るとされていました．ただし，信仰の箇条については，「政治の規則（教会政治）」の冒頭に採用すべき信仰告白または信仰問答の名称を掲げるに止まっていました．次いで，いわゆる「1890年信仰告白」を一致して告白して成立した日本基督教会は，「憲法」「規則」「信条」「付録」の四つから成るとし，付録は今日の式文にあたるものと懲戒条例の一部とを含んでいました．しかし，日本基督教団の場合，上記の三部構成は形式的にも崩れ，その教憲・教規はもっぱら教会組織法に関するものであり，「式文」には拘束性はまったくなく，礼拝（および聖礼典）指針はないに等しいし，戒規は教規その他に概略的な規定があるだけです．

5.　教会法の実現の保障——その装置と訓練・戒規

　教会法の法としての特質に関わることとして，最後に，教会法の実現の保障装置について略述しておきます．

　一般に法というとき，それは最終的には，ある意味での強制によってその実現を保障されるものです．そして，世俗の法の場合は，国家権力その他の政治権力による実力的強制によって最終的実現が進められます．広く，人間の行動に対する社会的規制には，道徳的規制，習俗的規制および法的規制の三種がありますが，道徳的規制は，道徳律という当該社会の社会的価値体系がその社会を構成する個々人に教え込まれ，刷

り込まれてそのパーソナリティーの一部を構成するものとなっており，その結果，道徳規範に違反することに対してはその個々人の内面から反作用（いわゆる良心に反することによる内面的抑止）が起こるしかたで規制されます．それに対して，習俗的規制の場合は，その規制内容は必ずしも体系的ではなく，その違反に対する反作用も一定の形を取らずに，嘲笑・侮蔑・非難・仲間外れなど非定型的ですが，何らかの外形的反作用が生じます．これらと異なり，法的規制においては，その規制内容は言葉により命題化され（いわゆる当為命題），体系的に展開され，その違反に対しては，外形的定型的な反作用（公権力による刑罰や行政罰等の罰則を加えること，および民事紛争につき契約の無効・取消や権利行使の差止または損害賠償の請求を認め，その強制執行をすること）が組織された実力（公権力）によって加えられるという点に特色をもっています．

　では福音主義教会法においては，この点は，どうなっているのでしょうか．教会法の内容を実現させる力は何でしょうか．

　それは，終局的には，御言葉の権威であります．あるいは福音の恵みによる促しと言ってもよく，聖霊による導きでもあります．そこに霊的な法としての教会法の特質があります．もともと法は，最終的には，法に服する者の法意識または遵法精神によって支えられるのでありますから，正しい礼拝によって教会法意識が確かなものにされ，強められ（礼拝の法），愛の訓戒と奉仕によって教会の秩序が正され，持続的に保持されていくのであります（奉仕による統治）．

　ところで，キリスト教会には戒規があります．これは，教会法の強制装置ではないのでしょうか．確かに強制装置ではありますが，なお，正しく理解することが必要です．まず，教会の戒規は，世俗法の強制装置のような外形的定型的な実力による強制装置ではありません．福音主義教会の戒規は，本質的には，主キリストのみを頭とする教会を立て，キリスト者としての信仰とその奉仕を堅固にするための訓練の制度であります．信徒については，戒告や陪餐停止および除名があり，教師に対し

ては戒告，停職，免職および除名がありますが，同時に戒規を受けた者のために祈り，その者が悔い改めるときには解除がなされます．それは，福音信仰を正しく保つための信仰的訓練としての意義をもっているのですが，同時に，教会法に基づく教会の正しい秩序を維持または回復するための重要な役割を果たしていると理解できます．戒規については，これを重視してきた改革長老教会について論じるところ（本書第二部 **6**.）で再度丁寧に取り上げますが，上に述べたことに照らしていうならば，正しい教会法意識を錬成することにより教会法の実現に尽くすものというべきであります．

　以上，戒規も含めて述べたような教会法実現の保障は，一見弱そうに見えて，強力なことを信じるべきであります．

　なお，ここで誤解を避ける意味で，教会法を整えておけば教会のすべての問題が解決される訳ではないということについて，述べておきます．教会規則を精密に定め，またその的確な解釈運用さえしておれば，教会は秩序正しく運営されて，何の問題も生じないし，またそのようにして教会法を用いれば，すべての問題が解決されるというものではありません．信仰告白と礼拝と合して支え合う関係が生きていなければなりません．そしていうまでもなく，愛の交わりが生きていなければなりません．

　この項の最後に，「教会法」という表現につき一言ふれておきます．「法」という表現を用いることがはたして適切かということです．1966，67年頃，私が，各個教会や教団・教区の諸種の問題にかかわるようになる中で，教会・教団には法的な思考と法的判断が不十分だと感じ始めたころ，私が「教会法」という表現を用いると，ローマ・カトリック教会ではないのだから，教憲・教規とか職制というべきだとの反応が起こったことを記憶しています．当時は，欧米の教会法研究において「福音主義教会法」なる用語が用いられてはいましたが（たとえば，和田昌衛教授のドイツ福音主義教会法に関する研究など），教憲・教規という表現では本書の他の箇所で指摘するように不十分ですし，そもそも，当時は，教

憲・教規に対するラディカルな否定ないし消極的な言論が多いというありさまで，むしろ，教憲・教規，さらに教会・教団の法的秩序を根底から構築することこそが必要な状況でした．そこで，私は「教会法について」という題で，ある教会関係誌に連載を続けました．そして，いつの間にか，教団の中に「教会法」という表現が用いられるようになってきたように思います．

　ただ，本項において上述したような福音主義教会法の特質を考えると，「教会法」と言い切るのが適切かは，一考を要するのかもしれません．たとえば，私が大きな啓発を受けたエーリク・ヴォルフはその著書名を"Ordnung der Kirche"（「教会の秩序」または「教会制度」）としており，"Kirchenrecht"（教会法）を用いていません．これは，ドイツでは，教会の秩序については長くラント法の中で扱われてきた——その意味では世俗国家法の一部とされてきた——歴史があるからであり，その時代に構築された教会法論と一線を画する意味があるのでしょう．前示のアメリカ長老教会でも，Book of Order としていますので，これらに倣えば「教会秩序」あるいは「教会制度」というべきでしょうか．しかし，日本語としては適切直截の表現とは思われませんし，日本の教会が——もともと日本社会自体が——総じて法的意識が弱く，法的判断を軽視する傾向が強い状況を思うと，基本的に「教会法」を用いるのが目下のところ妥当と考えています．

第4章　教会組織法の基本原理

1. キリストの支配

　ここでは，上記の教会組織法ないし統治の機構についてさらに考察を加えるのですが，まず，教会組織法の目的の確認から始まります．そしてそれは一言でいえば，教会の主のご命令に応えるために，主より託された教会的権能を主のみこころに適うように行使できるようにすることにあります．

　本書でたびたび引用する復活の主の御言葉があります．「わたしは天と地の一切の権能を授かっている．だから，あなたがたは行って，すべての民をわたしの弟子にしなさい．彼らに父と子と聖霊の名によって洗礼を授け，あなたがたに命じておいたことをすべて守るように教えなさい．わたしは世の終わりまで，いつもあなたがたと共にいる」と（マタイ 28：19－20）．そして主は，「あなたこそ，生ける神の子キリストです」と明確にキリスト信仰を告白するペトロに対して，「わたしはあなたに天の国の鍵を授ける．あなたが地上でつなぐことは，天上でもつながれる．あなたが地上で解くことは天上でも解かれる」と語られ（マタイ 16：19），さらにキリストの名によって集まっている者たちに対して，「あなたがたに」と言って，同じ権能の授与を語っておられます（マタイ 18：18）．天国の鍵はキリストご自身がもっておられるもので（黙示録 3：7），主キリストへの信仰告白の明確な教会に対してこの権能が信託され

ています．ですから，主のみこころに適うことのみを祈り求めつつ，主に対する務めとして教会の権能を行使すべきものなのです．ハイデルベルク信仰問答（問83）はこれを「鍵の務め」（Amt）と表現して，それは福音の告知と戒規であるとし，これにより福音を聞いて信じる者または戒規により悔い改める者に天国は開かれ，不信仰者や悔い改めない者に天国は閉じられると答えています．この二つを基本として，キリストの体なる教会の形成のために諸種の権能を果たす務めが教会に与えられています．それをみこころに従って正しく果たせるようにすることが教会組織法の目的なのです．

　では，この目的にふさわしい教会組織法の基本的な形は，どのようなものでしょうか．ここでも私たちを導くのは主の御言葉であって，主が「二人または三人がわたしの名によって集まるところには，わたしもその中にいるのである」（マタイ18:20）と語られたように，その基本形は，主を中心とし，主の導きに従う会議体であります．すなわち，教会会議やその組織は教会の唯一の主権者は主であり，その主が現臨しておられると信じてその召しに応える集会であり，その主から託された教会的権能をみこころに適うように正しく行使するための組織であるとの認識が肝要なのです．

　こうして，教会組織法の基本原理は，統治権の所在と性質に集約されると言ってよいと思います．そこで，統治権の所在について考えましょう．

　その場合，これまで述べてきたところから明らかなように，主イエス・キリストが教会の頭であり，教会はその体であるということが基本になりますから，教会の秩序は，〈頭なる主イエス・キリストの支配〉のもとに形成されるべきものであります．総体としての教会の秩序についてすべてそうですが，教会においては，キリストの支配ないしキリストの主権の確立が本当に正しくその教会に現れるには，どのような法秩序でなければならないかを絶えず考えていなければならないのです．

　教会統治の基本原理は単純なデモクラシーではありません．たとえば，日本基督教団では，「教会総会をもってその最高の政治機関とする」（教憲第 7 条第 1 項）としており，これは，民主主義を採用することの宣言のように聞こえますが，そうではありません．民主主義を意味するデモクラシーとは，「民衆の支配」の意味のギリシア語からきた言葉です．世俗社会の政治の仕組みとしては，個人の尊厳に立って個人の自由・平等を大前提とする政治原理をとろうとすれば，民主主義（民衆の支配）が最もよいと考えられますが，教会にあってはそうであってはなりません．民衆としての教会員の多数が支配する教会ではなく，〈主キリストの支配〉がすべてにおいて貫徹するような教会であり，そのための教会組織法でなければならないのです．

　「キリスト支配（Christokratie）は次のことを意味する．福音主義教会の正しい憲法（基本秩序）は，君主支配（教皇制）でもなく，貴族支配（ヒエラルヒー）でもなく，民主制（会議制）でもない．またこれら三つの混合形態または合成物でもない．それは，この世に対する現在および将来に及ぶキリストの支配に対する信仰によって秩序づけられる」（E. Wolf, Ordnung der Kirche, S.67）のであります．

　「まことに，主は我らを正しく裁かれる方．主は我らに法を与えられる方．主は我らの王となって，我らを救われる」（イザヤ 33：22）．教会改革の先達も次のように記しています．「今や，主がその教会を統治しようと欲したもう秩序について論じなければならない．我々は次のように語った．主のみが教会のうちを統治し・支配し，上に立ち，また際立っておられ，更にその支配が御言葉のみによって実現され・遂行されねばならないのであるが，主は我々の間に，目に見える現臨の形では住みたまわないので（マタイ 26：11），御自身の意志を我々に向けて口ずから公布するために，人間の務めをここに適用されたと」（カルヴァン『綱要』Ⅳ・3・1）．教会の統治権はこの主キリストに由来するのであり，主がその統治権を教会に委託されたのです．先に述べた，教会の真の本源的

主権者がキリストの神であるとは，こういうことです．

　ただ，主キリストの支配（教会統治）は，御言葉と御霊による霊的な支配でありますから，具体的に，見える教会のどこにその統治権が委託されているかが，次の問題となります．これは，教会のどの機関に神の意思があらわれると見るのかという問題でもあります．そして，この問題をめぐって，見える教会の組織法的形態は，伝統的政治形態として歴史上いくつかに分かれるわけでありますが，見える教会における統治権の所在を考える場合，踏まえておかなければならないことを，次に二，三指摘しておきましょう．

2.　教会統治権の性質と所在

　前項末尾近くに引用した先達改革者の文章はさらにこう続きます．「これは謂わば代理人の仕事であり，代理人に権利と栄誉が移されるのでなく，ただ，彼らの口によって御自身の御業を行ないたもうのであって，それは職人が道具を用いて仕事を遂行するようなものである」（カルヴァン『綱要』Ⅳ・3・1）．

　このことから明らかなように，教会統治権の中心原理である「教会における主キリストの支配」は，具体的には，教会が主キリストにのみ聴き従い，主にのみ仕えていくということをいかに確保するかにかかるのです．したがって，教会統治権の問題においては，まず第一に，御言葉を聖書に基づいて正しく聴く務めを果たすためには，どのような組織になっていなければならないか，教会のいかなる機関にその務めを負わせるのが妥当かという考察から出発して，その機関に統治の権限を委ねるようにすることが，基本的考え方でなければならないということになります．御言葉が聖書に基づいて正しく説かれ，正しく聴かれるとき，主の御旨にかなう正しい信仰的決断が可能となるのであって，そのような

信仰的決断をすることを絶えず忠実に追い求めるとき，主キリストを頭とする教会統治権が確立できるのです．ここで「正しく説かれ，正しく聴かれる」の「正しく」とは，教会の「信仰告白に基づいて正しく」ということであることは，前述第3章2に照らしても明らかであります．

　第二は，統治の権限と言いましたが，前に指摘したように，それは本質的には奉仕の責務であるということであります．御言葉と御霊によって教会を支配したもう主は，見える教会にあっては，人の奉仕を用いて統治をなしたもうのであります．すなわち牧師を立てて説教をなさしめ，長老（役員）を立てて統治をなしたもうのであって，教会における統治の機関は神への奉仕の機関であります．それとともに，それはまた，教会員に対する奉仕の機関であります．主キリストご自身，「仕えられるためではなく，仕えるために」世に来たりたもうて，僕にして主でありたもうお方であります．その主の体である教会においては，奉仕の責務が基本となっていて，それに包摂される限りで，権限が許されるものであることは，前述したところです．

　「モデル各個教会規則」第36条は，長老会（小会）の任務につき，「長老会（小会）は次の責務を負い，権限を有する」として，17項目の任務をあげていますが，この「責務」とは主と教会への奉仕の責務であり，その奉仕は，聖書の証しする御言葉を正しく聴き，教会員の信仰を正しく保つための奉仕であります．そして，この責務のゆえに，権限を有するということなのです．

　第三に，教会の統治権を一個人に帰属せしめるべきかどうかという問題ですが，教会の本質から見て，それは否定されるべきであります．教会の統治権は，教会的会議体に委ねられていると考えなければなりません．「二人または三人がわたしの名によって集まるところには，わたしもその中にいるのである」（マタイ18：20）との御言葉は，礼拝の基礎についてのみでなく，教会会議についてもあてはまるものであって（カルヴァン『綱要』Ⅳ・9・2），主キリストのご臨在が会議の決定をして教

会の決定たらしめることを示すものであり，また，主の名による会議体に教会の主の統治権が委託されていることを明示するものであります．

3.　主の召集による会議制

　教会統治権は教会会議に委ねられていると申しましたが，この教会の会議体について基本的なことを述べておきたいと思います．

　教会が会議制によるということにつき最も肝心なことは，上記の御言葉のように，「主の名によって集まっている」ということです．教会会議とは主権者である主キリストの召しにより成立する会議であるということです．

　「主の名によって」集まっているということには，含蓄深いものがあります．

　まず第一に，その会議に議員を集めたもうのは，主であります．議長に本源的な会議招集権があるのではなく，主の召集のために議長には会議招集の責務があるのであって，それが実際の招集権の基礎となるのです．同様に，定期会議の定めは，主の召集を妨げることのないようにとの意味をもっております．

　しかし，主の召しによる会議というとき，何にもまして重要なことは，会議構成員が，主の召しに応えて主を信じ告白することにおいて一つであるということであります．教会会議は，信仰告白において一つである者の会議でなければなりません．ここに第二の基本的なことがあります．これを曖昧にする会議体には，教会統治権は委ねられておりません．

　第三に，主の召集による会議であるとは，その召しが礼拝においてなされ，集まった者は礼拝をもって会議を始めるということであります．主の召集による会議が主から委ねられたその統治権を行使するには，主なる神の主権を認め，讃美する礼拝において召し出された者（日本基督

教団教規では現住陪餐会員）の会議でなければならないのは当然であり，またその会議は，神礼拝のまことが支配するものでなければ，主の御委託に応えてその権限を行使できないはずだからであります．教団の「総会議事規則」第 1 条は，「会議および委員会は祈祷をもって開閉される」と定めていますが，これは単に議事規則に止まるべきものではありません．「モデル各個教会規則」は，これと同旨の条文を教会組織法の基本に関する第 4 条の最後において，教会法の要としております．教会会議は，主の権威と御委託を確認し，聖霊の導きを求め，主に栄光を帰する祈祷によって開閉されなければならないとは，教会会議の基礎は礼拝にあるとの理解に立っているからです．

　第四に，教会において主の名による会議が重視され，教会統治権が主の名による会議体に委ねられているというのは，衆知を集めるという利点にその根拠があるのではないのであって，むしろ人間的考慮や主張を徹底して相対化して，主の御旨を問い求め続ける場として，会議が位置づけられていることであります．したがって，人間的計算に基づく党派政治や扇動や威圧や駆け引きや取り引きによって，見せかけの多数決を作り出すときには，統治権を委ねられるにふさわしい会議体ではないのであって，神礼拝のまことが議場を包む中で，各自自己を空しくして，主の御旨を祈り求めるところにおいてなされる議決でなければならないのです．「すべての教会会議を指導するのはキリストの権威であり，……キリストが指導したもう，とわたしが言うのは，ただ，かれが御言葉と御霊とをもって全会議を支配したもう限りにおいてのみのことである」（カルヴァン『綱要』Ⅳ・9・1）．それゆえまた，仮に主の召集に応えて礼拝をもって始めた会議であっても，会議が主の御言葉と聖霊の導きに服することから逸れていくときには，それは真実の教会会議ではなくなるのです．

4. 会議制と伝統的政治形態

　上述した1, 2, 3を踏まえて考えるとき，実際的には教会会議体はどのような構造のものであるべきか．この問題を考えておかなければなりません．つまり，教会の統治権限が教会のどのような機関または会議体に委ねられているか．あるいは，キリストの御意思はどのような機関または会議体の決定のうちにあらわれると受け止めるのかという問題であります．

　このことについて，歴史に現れたものとしては，大きく監督主義，会衆主義および長老主義という三つの伝統的政治形態に分かれます．第一の監督主義とは，ローマ・カトリック教会の統治形態に近く，いくつかの教会の政治を監督（教職）一個人の決定に委ね，その監督団を使徒の後継者としてそれに全体教会の統治権を委託するものであります．第二は，第一の正反対で，各個教会を独立的自治体とし，そこでは平等の権利をもつ全会衆に統治権が委託されているとするもので，全体教会については，教会相互の協力は認めますが，複数の各個教会による教会的結合は重視しないか，または認めないとするもので，いわゆる会衆主義教会はこれであります．第三は，会衆の中から長老を選出し，その長老団に主より統治権が与えられているとし，しかも，牧師たちと各個教会代表の長老たちにより構成される長老会議体（プレスビテリー，中会）に複数教会で構成する地域的教会共同体に対する統治権を認めるもので，いわゆる長老制度であります．

　では，これらのうちいずれが妥当な教会組織ないし政治形態でしょうか．もっとも，それは，これらを抽象的に比較し分析するだけでは，明らかになりません．それぞれがその生きた歴史をもって歩んでおり，そこに救われる者を生み出しているからです．ただ，私がこれまで述べて

きた教会法の基本的考え方に照らしてみると，改革長老教会のいわゆる長老制度が最も福音的で教会形成的であると考えられます．そこで，次に改革長老教会の法，特に教会組織法につき考察することにします．

第二部　改革長老教会の伝統と教会法

1. 改革長老教会の教会観

　スイスの宗教改革, とりわけジャン・カルヴァンの指導になるジュネーブの宗教改革の系譜に属する福音主義教会は, フランス, ドイツ, オランダおよびアメリカに拡がって改革教会 (Reformed church) とよばれ, スイスからイギリス, スコットランドそしてアメリカにおいては長老教会 (Presbyterian church) と称する教会となっていきましたが, それら両者のミッションの伝道を受けたわが国では, これら二つの流れが合流する形となり, 特にいわゆる公会主義を経由することにより, 一つの伝統に立つ教会として教会の形成がなされてきました. 改革教会というのは, 教会の信仰内容または神学や教理の側面に注目した呼称であり, 長老教会は, 教会の制度や組織に目を止めた名称でありましょうが, 改革教会というも, 長老教会というも, もともと両者の根源と教会的特質は上記のように基本的に同じでありますから, 教派的に未熟であったことも幸いして, わが国ではこのような歴史を辿ったのでありましょう. そして, 改革教会または長老教会の教会的伝統を受け継ぎ長老制度を志向する教会を統一的によぶ便宜上の呼称として, 「改革長老教会」といういわば日本的造語が比較的最近から用いられるようになっています. この二つは使い分けたほうがよいかと思いますが, この造語にはそれなりに大事な意味があるとも思われます.

　いわゆる「改革教会」のドイツ語のいわばフルネームは「神の御言葉によって改革された教会」 (Die nach Gotteswort reformierte Kirche) でありますが, しかし, この教会の基本的特質は, 「改革された」という過去形にあるのではなくて, 「神の御言葉によって常に改革される教会」と

いうことにあります．そして，改革教会と長老教会のいずれの流れにおいても，教会の信仰内容や教理と教会の制度や組織とは，いずれも，神の御言葉の上に確立され，かつ御言葉によって絶えず改革されべきものとしているのであります．合衆国長老教会（PC-USA）が，「教会は，イエス・キリストに聴き従うことにおいて，教理および統治の規準の改革に開かれている」（Book of Order, G-2.0200）と定めているとおりです．このことの上に，教会の信仰内容や教理と制度や組織とは密接な関係にあり，相互に支え合って教会の生命と働きの保持に資するとするのが，改革長老教会の教会観の基本的特質であると，私は考えています．「改革長老教会」という表現に込められているこの基本的特質の認識は，教会法についてこれまで述べてきたところからもわかるように，教会法の理解にとってきわめて大切であります．

　これまでに述べたことの若干のくり返しになりますが，これら改革長老教会の伝統的教会観の基幹部分に，「キリストの体なる教会」の理解があります．これについては，「キリストが多くの肢々を持つ一つの体の唯一のかしらとして告白さるべきである」との「聖書的認識は，改革派の見解によれば，教会とその制度についての理解の基本である．……ルター派教会においては，教会をキリストの体として考える思想は，教会の在り方に関しては，これほどには大きい役割を演じていない」（ニーゼル，渡辺信夫訳『福音と諸教会』改革社，1978年，290頁）と指摘されています．このような指摘を聞くとき，改革長老教会の伝統に立つ教会は，教会のかしらなる主キリストの御言葉によりくり返し改革されて，聖書に基づく正しい信仰告白とともに，福音に基づく正しい教会秩序，すなわち教会法を確立する努力を続けることを，主より求められていることを確認するのであります．

2. 改革長老教会形成の主柱としての信仰告白

　先に福音主義教会法と信仰告白の関係について一般的なことを述べましたが，改革長老教会の教会組織法を考察するにあたり，同教会が信仰告白をいかなる意味で重視しているかにつき，前述したところと少し重なりますが，改めて私見を述べることにします．

　神の御言葉に聴き従う教会は，信仰告白中心の教会形成となります．神の御言葉は永遠に変わることのない真理ですが，教会の内外には誤った教理が絶えず生起します．それらに動かされずに，神の御言葉，すなわち福音の真理にのみ立ち続けるには，御言葉への信仰による応答としての告白，すなわち主イエス・キリストへ信仰告白が正しく明確になされていなければなりません．したがって，改革長老教会の教会形成の主柱は信仰告白であることになります．改革長老教会は，使徒信条，ニカイア信条等の基本信条を正統信仰の教理を表すものとして受け継いで告白するとともに（フランス信仰告白第 5 条，ベルギー信仰告白第 9 条，第二スイス信仰告白第 11 章など），それぞれの時代と環境の中で，教会の依って立つ信仰を不動のものとするために，その正統的信仰をより正しく明確に敷衍しまたは補充して表明することを絶えず展開してきました．

　(1) 改革長老教会の信仰告白の特色は，その内容の面では，大体共通して神の絶対主権とキリスト中心の神学に立ち，救済論と教会論（特にキリスト論的教会論）に重点をおいて展開されますが，その形式面では，それぞれの時代に各地の言葉で多くの信仰告白がなされた点に特色があります．これに対してルター派教会は，固定した信条（アウグスブルク信仰告白，和協信条等）のみを守る，いわゆる信条主義教会です．改革長老教会のこのような特色は，この教会の上記の基本的特質の生きている姿であって，こうしてこの教会は，信仰告白の点でいつも新鮮であり，

御言葉の上に生き生きと立つ教会であり続けるのです．信仰告白はこのように重要な意義をもつものですから，以下において，その主体，性格，位置，機能等について少し述べることにします．

　(2)　まず，信仰告白における告白の主体は，教会（全体教会としての教会）です．信仰告白は本質的に神讃美であって，それゆえに神の御言葉に対する各人の主体的自発的応答であり，そのことから信仰告白の主体は個々の信仰者であると考えやすいのですが，しかし，それ以上に信仰告白を制定した教会の主体性が重視されなければなりません．洗礼志願者は，その教会の信仰告白に言い表された福音信仰を受け入れ，受け継いで，それを自分の信仰告白として心底から告白して洗礼を受ける．この順序が肝要です．「われ信ず」の前に「われらは信じかつ告白する」があるのです．この「われら」は当然，全体教会の意味です．

　(3)　次に信仰告白は主に対する信仰の告白であり，その信仰は主に対する服従ですから，信仰告白は主に対する誓約の意味をもち，共同で告白した者相互の間では，契約の性質を帯びます．この誓約および契約性のゆえに，信仰告白は教会の一致の基礎として，教会と全信徒の教会形成と信仰生活とのすべてにわたって揺るぎなき規範となるのです．

　しかし，規範というとき，聖書こそ教会と信仰生活との誤りなき規範ですから，聖書と信仰告白の関係を明確にする必要があります．その点，まず，教会の信仰告白は，聖書の告げる福音をその教会がどう受けとめ把握したかを示すものですから，それはその教会の保持するキリスト教教理の大綱という内容をもっています．そして，これが上記のようにその性質において規範性をもつのです．そこで，ここに聖書と信仰告白との間に二重の関係が生じることになります．

　第一に，信仰告白は，第一次的規範である聖書に対して第二次的規範であって，聖書に基づき聖書に依拠していなければなりません．した

がって，教会は，聖書から絶えず新たに御言葉を聞くことによって，漸次信仰告白を補充することが起こりえます．それとともに第二に，信仰告白はその教会の聖書理解の基本ですから，聖書の研究と解釈の指針であり，信仰告白から外れて聖書を解釈し，説教がなされることを拒否します．このことを明記した旧日本基督教会の前身である日本基督一致教会の「日本国キリスト一致教会政治規則（教会政治）」の冒頭については，前述しました（本書第一部第 3 章 1.「教会法の目的と内容」参照）．同様にして，信仰告白は異端をしりぞける規準です．

(4) さらに，信仰告白の機能をみてみましょう．前段末尾に述べたこともその機能の一つですが，まず，信仰告白は教会の信仰的一致の確認です．この一致は，他の諸種の点での一致にまさって肝要であり，またこの点で一致している限り，他の事項において多少の不一致があっても，なお一致と協力を見出すことができるものなのです．つまり，信仰告白の一致は教会の一致結束の基礎なのです．殊に，全体教会の存立と教会間の協力は信仰告白の一致を抜きにしては，成り立ちません．

(5) こうして，すでにくり返し述べたように，信仰告白が教会形成の基本であることは明らかで，具体的には，礼拝において説教の規準となり，礼拝における御言葉の告知の公同性を保障します．このことはまた，教会の教育・訓練においても同様です．そして，教会の奉仕の組織またその政治的組織の法が信仰告白を基礎にして構築されるべきものであって，本項の本題に入ることになります．すなわち，改革長老教会としての正しい会議制の確立です．なお，付言すれば，この正しい会議制の確立がなければ，信仰告白の改悪や異端的信仰告白の制定がなされる危険があることも弁えておくべきでしょう．

3. 改革長老教会の教会組織法の基本構造

(1) これを一言で言えば，長老会（小会）中心の教会形成であり，しかも，「主キリストの支配」に基づく三重構造の長老会議制であります．主キリストをかしらとするその体であるとの教会観に基づき，その秩序の基本原理は「キリスト支配」（既述）にあるとし，そのことを人間集団でもある教会において貫くためには，単に教会員の多数意思の支配ではなくて，牧師と長老による長老会議制，しかも，各個教会長老会（小会），地域教会長老会（中会）および全体教会長老会（大会）の三重構造の長老会議制こそ肝要であるとするのです．

(2) それは第一に，牧師（宣教長老）と長老（治会長老）により構成される長老会議体に教会の主から教会統治権が信託されているといたします．その統治権は，教会の信徒の総意による委託ではありません．
　使徒パウロはエフェソ教会の長老たちにこう諭した，と聖書は証言します．「どうか，あなたがた自身に気をつけ，また，すべての群れに気をくばっていただきたい．聖霊は，神が御子の血であがない取られた神の教会を牧させるために，あなたがたをその群れの監督者にお立てになったのである」と（使徒 20：28，口語訳）．この監督者とは，後年の監督制度の監督ではなく，先に立って見張っている者の意味の言葉です．「見守人」との翻訳（永井訳）や「注意して見張る者」との説明があります（竹森満佐一『使徒行伝講解』日本基督教団出版部，1965 年，333 頁）．これは聖霊により立てられているのです．この一節は，主より信託された長老たちの務めとその立脚基盤およびあるべき姿勢を明確に示すものです．この主による教会統治権の信託ということが，長老制度の根底にあることは，この使徒の教えにより，そしてこれまで述べたところからして特に説明を要しないでしょう．

　では，なぜ牧師と長老なのでしょうか．「キリスト支配」は，「御言葉」を聖書に基づいて正しく聴くことなしにはありえないことです．そこで，「御言葉」を正しく聴き続けることを確保し，そのうえに教会形成を進めるためには，どのように組織された会議体が教会の組織の中核にならなければならないかという観点が，要になります．その結果，聖書に基づいて「御言葉」を説く務めと聖礼典執行の務めのために主に召され，教会の正規の手続きにより立てられた者，すなわち牧師（教師）と，「御言葉」を聴いて生活に受肉することを通して説教の実を証しつつ，会衆の模範となって信仰生活の指導をする務めを負う者，それゆえに豊かな信仰経験と確かな福音理解とに富む長老たちと，この両者の協力関係として構成される会議体，すなわち長老会議体が教会組織の中枢をなし，主より託された教会統治の責務と権能を担うとされているのです．牧師と長老たちは，主の名のもとに一つとなって（マタイ 18：20）共働してその務めを果たすものですから，長老会議（小会）においては牧師と長老は表決権等において同等の権能を有するとされます（スコットランド長老教会において確立）．同等の権能というのは，会議を主導するのは頭（かしら）なる主であるからです．それゆえまた，この会議体自体が御言葉に聞き従いつつその務めを果たすために，特にその会議の議長は御言葉の役者（えきしゃ）である牧師が務めるのが妥当とされています．

　（3）まず，各個教会においては，長老会（小会）中心の教会形成が基本になります．牧師と長老により構成される長老会（小会）が，教会が福音信仰の純正を保持し，頭なるキリストから託された務めを果たすための基本的職制であります．
　長老会（小会）は，礼拝（および聖礼典）の執行および保持の責任主体であり，信徒の訓練と教育にあたり，組織的持続的に伝道を推進する務めを負い，また教会の福音信仰の純正保持のための教会法廷の責務を担います．洗礼試問とその執行，転入の承認，戒規執行等の決定権が長

老会（小会）にあるのはこのためです．教会総会がこれら洗礼試問等につき決定したり，長老会（小会）のこれらに関する決定を否認することはできません．またさらに，長老会（小会）は，世俗権力からの自由保持の務めがあります．それゆえ，長老会（小会）の会議は利害得失や効用の大小の判断よりも，信仰告白と教会法に基づく判断を優先しなければなりません．こうして長老会（小会）は，その教会が存立し，主への務めを果たすための基本的職制なのです．

　基本的職制の「基本的」とは，教会形成につき始源的，不可欠的かつ中枢基礎的な存在という意味です．始源的とは，ある礼拝の群れが教会を設立できるのは長老会（小会）を組織できるようになったときであるということに具体的に現れます．不可欠的であるとは，教会の存続にとって不可欠で，長老会（小会）が解散したり，事実上機能停止になれば，教会は存続できなくなるということです．中枢基礎的存在とは，長老会（小会）は教会内の委員会や各種団体などを設置し，任命し，または廃止することができるということを含みます．その他，各個教会長老会（小会）に関する細部については，本書第五部の「『モデル各個教会規則』とその解説」において実際的なことも含めて少し丁寧に述べますので，それに譲ります．

　（4）第二の要点は，礼拝共同体としての各個教会の長老会（小会）の上に，全体教会長老会（大会）および一定地域の複数の教会により構成される地域教会長老会（中会）が組織されることで，それは次のような構造と権能を有するものとされます．

　すなわち，改革長老教会は，教会に主より託された務めを次のa，b，cの三つに分け，それをそれぞれに適切な組織の長老会議体に委ねるとするもので，それぞれを担うものとして最低二重，通常三重の長老会議体を立てるのです．

a 各個教会における礼拝を保持し，日常的に伝道を進め，洗礼を授け，信徒訓練を重んじて牧会にあたる務め.

b 教職者を派遣し，その相互訓練を図り，各個教会の建設・協力・支援を指導推進して地域的伝道を担う務め.

c 信仰告白を明らかにし，正しい教理と法を保持し，教職者を養成し，全体としての教会形成を図る務め.

以上の三つであります.

　そして，これらの務めにつき，a の務めは各個教会長老会（小会）に，b の務めは地域教会長老会（いわゆる Presbytery，プレスビテリー，中会.各教会から牧師と長老各 1，2 名により構成）に，c は全体教会長老会（全国的教会会議，Synod，シノッド，大会，複数のプレスビテリーの代表者［牧師と長老同数］により構成）に託されるとしています.　そして，これら三層の長老会議体相互の関係は，それぞれ後者から前者に対する調査と指導・支援，前者から後者に対する報告と上訴の関係にあります.

　もっとも，同一の信仰告白を奉じて所属する各個教会が少ないため，地域教会長老会（中会）が一つだけの段階では，それが上記 c の全国的教会会議の務めを兼ねることになります.　それは，その務めの内容からして可能です.　日本の改革長老教会の歴史において，最初に結成された日本基督一致教会（旧日本基督教会の前身）の発足当初はそうでありました.　ともあれ，b のみならず c の権能も担いうる教会組織として各個教会を指導し，支え，取りまとめる存在である地域教会長老会（中会）は改革長老教会の組織の中核になるわけです.

　(5) このような重層的長老会議制（Presbyterial Synodal System）は，教会を正しい福音信仰の上に建設し保持するために必要な責務と権能が，それぞれにふさわしい構成の長老会議（教会会議）に分割信託される構造になっている点で，現在では，最も福音的であり，教会形成的で，優れた教会組織法と言えると考えます.　世俗社会では，国民の基本的人権保

障を第一とし，そのために立法権＝立法府（国会），行政権＝行政府（政府）および司法権＝司法府（裁判所）による三権分立が最もすぐれた政治構造とされていますが，キリスト支配を貫徹するために教理的教会法的判断（いわゆる信仰職制論的判断）を優先させつつ礼拝・牧会・伝道という主の教会形成の奉仕を尽くすべき教会としては，このような重層的長老会議の政治構造がもっとも優れているものというべきであります．

　この重層的長老会議制は，一見複雑そうできわめて簡素であり，強靭な組織であります．監督制では，教職と信徒との区別が強調され，さらに教職の地位と職分に関して階層制がとられ，その上で教会会議を立てようとするためきわめて複雑な組織になり，しかも権限の強い監督個人の意思が上位になりやすく，おのずからキリストの主権に服する会議体が成り立ちにくい．会衆制では，教職の階層制はないが（この点は長老制教会と同じ），各個教会の独立性を重視して各個教会が服すべき上位の教会会議の権威を重視しないため，制度的には一見簡素に見えるが，全体教会的会議はばらばらになりやすく，それを統一していこうとすれば，実際的には教会政治は人間的技術に頼ることになり，民主主義的ではあるが，キリスト支配が確保されないことが生じやすい．そのように考えられます．

　それに対して，改革長老教会の三層構造の重層的長老会議制は，第一に，それぞれの教会会議がその責務と権能にふさわしく組織されているので，それぞれの会議の決定は教会的権能をもって実行され得る点において，第二に，各教会会議の決定にもし誤りがあれば，平等者の会議体（教職と信徒の全員が平等）であるから，会議体の中で是正の可能性があり，また他の教会会議によってチェックされ，是正へと進む可能性が高いこと，つまり教会の御言葉による権威と正しい決定とを回復しやすいことの二点において，堅固強靭な教会制度ということができるでしょう．

4. 特にプレスビテリー（地域教会長老会［中会］）中心
ということについて

　長老教会の構造上の重点であり特色であるのは，教会形成を進める教会的権威と機能が基本的に地域教会長老会（いわゆるプレスビテリー，中会）にあるとされている点にあります．

　プレスビテリーは，前記のように適正規模の複数の各個教会を包摂し，それらを代表する牧師と長老による会議体であり，これが，上記 **3**.(4) の b に掲げる教会的権能を行使するものとされています．その権能の中心は，まず各個教会を建てる権能であり，それは直接的には各個教会長老会（小会）を立て，信仰告白に基づいて指導・支援してその権威と務めを支えることであります．その教会的権能は，プレスビテリーが伝道を推進して各個教会を建設する時に発動するのみならず，各個教会の教会形成を維持推進する過程においてもその指導や勧告・相談などの形で発揮されます．また，各個教会の要請や状況に応じて教師（牧師）を派遣し，共に励まし合ってその働きを支援するしかたで進められます．プレスビテリー内の教会は，こうして，プレスビテリーの協議による指導のもとに支え合って，主に従う堅実な礼拝・伝道を進めるのです．特に牧師の派遣と牧師への支援・指導は重要です．まさに，福音を「宣べ伝える人がなければ，どうして聞くことができよう．遣わされないで，どうして宣べ伝えることができよう」（ローマ 10：14, 15）とあるように，主の派遣に応える教会の最重要の務めを負うのが地域教会長老会（中会）なのです．

　このことは，長老教会が開拓伝道地の礼拝集団を独立の教会にするときのことを考えるとよくわかります．開拓伝道所の礼拝集団を独立の教会にするときには，そこに上記 **3**.(4)の a の務めを担う長老会（小会）を立てなければなりません．その礼拝集団の結束力がいかに強く見えて

も，その総会において前記の務めを担う長老会（小会）を立てることができなければ，教会として独立させることはできません．しかもその教会形成による伝道を維持するために，両教会合同の長老会議を開催してその教会を支える関係を作るとすれば（そしてこれが実際上必要にして最も適切），それはプレスビテリーの萌芽であります．わが国では，今日，長老主義と言いながら実質はこのような合同長老会議ないしプレスビテリーとは無縁の各個教会主義にすぎないのがあるようです．各個教会主義ないし牧師個人主義を避けて，責任ある教会形成のために，プレスビテリー形成の道が肝腎なのです．

次いで，伝道の進展によりプレスビテリーが適正規模を超えるようになったときには，新たにプレスビテリーを建設することがなされます．そのことは，プレスビテリーの上位の長老会議である全体教会長老会議（シノッド，大会）において審議決定されます．この長老会議（シノッド，大会）は，上記のように，プレスビテリー相互の信仰理解と教会権能の一致を維持するために，信仰告白の制定・解釈と教理の保持にあたり，教師の養成と認定をし，地域教会長老会（中会）の務めを支える全体教会の責任主体となるものです．

私は，かつて地域教会長老会（中会）の位置と役割について口語的に取りまとめたことがあり，理解に役立つ面もあろうかと考え，若干の辞句修正を加えて以下に再掲しておきます．

地域教会長老会（中会）は，「各個教会間の日常的交わりを考慮した規模において編成されているので，具体的に，牧師・長老の研修においては，一教会の見地や構想からではなく，広い視野と長期的展望をもって，しかも上なる権威を覚えつつ研鑽・訓練を進めることができます．また，各教会の礼拝・牧会その他の教会的実情の的確な把握の上に立って，牧会的相談に乗り，礼拝・聖礼典の執行と保持につき協力し，牧師の人事や戒規その他の各個教会の困難な各種問題につき共同で配慮し，

判定し，援助または指導することを適切に展開でき，さらに地域の伝道的課題を共同で把握し，計画的に伝道協力を図り，またそれを高めることができます．他方，各地の地域教会長老会（中会）がそれぞれこれらの働きをし，広く福音信仰の純正を保持し，協力して組織的持続的な協力伝道と教会形成を進めるとき，全体教会長老会（大会）とその権能行使を下支えすることになるでしょう．……地域教会長老会（中会）は改革長老教会の教会組織と教会形成の要なのです」（「なぜ地域長老会を形成するのか——その意義と必要性」（東北改革長老教会協議会パンフレット 4），2017 年，18 頁）．

　このようにして，プレスビテリーは教会に主から託された責務と権能を集約的に保有しています．そして，全体教会長老会議（大会）は，これらの権能を統合して，全体教会を組織法的に主の体なる一つの教会——見える公同の教会——とする役割を果たしているわけです．

　なお，プレスビテリーの適正規模とはどう考えればよいでしょうか．プレスビテリーにつき実践的に考察すれば，それは，一方では，教会としての権能行使において人間的心情的思惑を濾過し排除して，主のみこころを追求できる程度の広がりを必要としますが，他方で，各個教会の礼拝・聖礼典・伝道・牧会および訓練等に対して会議の影響を実質的に及ぼしうるほどの教会的交わりの近接性があることが大事でしょう．プレスビテリーの適正な規模はこの両者の相関関係によると考えるのが妥当であると思います．ただ，その上に特に重要なことは，「わたしの名によって集まるところにわたしはいる」と仰せられる主の導きにのみ従って会議を進めて，プレスビテリーの中枢になりうる信仰的訓練を受けた牧師と長老が相当数存在することでしょう．

　このようにして，改革長老教会は，主のご命令に応える務めであり世に対する愛の業である福音宣教を教会形成に結実すべきものと受け止めて，それに励みますが，その教会形成の在り方は，単立教会形成をめざ

すものでないのはもちろん，一個教会の設立に止まるものではなくて，上記のようなプレスビテリー（地域教会長老会，中会）の形成またはその充実発展の一環として進めるものでもあって，全体的に伝道を強力に維持・推進できる組織になっているとみることができます．そこに，「ただ，主の栄光のために」「戦う教会」であり続けることのできた基盤があります．

5. 教会の奉仕職および教会総会について

　これまで教会組織法の中核となる長老会（小会）について述べましたが，ここではそこに奉仕する務めの担い手およびその働きにつき，教会法の視点から若干のことを述べることにします．

　(1) 教師，特に牧師について

　牧師とは，御言葉の奉仕者として礼拝説教と聖礼典執行にあたるとともに伝道と信徒の信仰指導に務める教会担任教師のことです．長老会(小会）の不可欠の一員として宣教長老ともよばれることは前述しました．教師については，教会の奉仕の秩序の基本的職制として，聖書の正典化および信条の制定とともに古カトリック教会成立の基本的要素であったことを始め，先に述べましたが，ここでは教会を牧する教師すなわち牧師について，長老制度との関連において少し付け加えることにいたします．もちろんどのような伝統の教会においても，またその働きの場が個々の教会においてでなくとも，「信仰は聞くことにより，しかも，キリストの言葉を聞くことによって始まる」（ローマ10：17）ゆえに，《神の言葉の仕え人》たる教師は最重要の奉仕者です．なお，「牧師」との名称は聖書に由来し（エフェソ4：11），この訳語は早く日本基督公会条例に現れます．

　さて，改革長老教会の組織法においては，牧師は長老会（小会）の議長を務め，また教会総会の議長を務める責務を負うことが重要です．それは，議事処理の巧拙よりも，教理と教会法に従う会議であることを確保するためであることは，これまでにも述べました．キリスト支配とは，ただ主の御言葉に聞き従うところに実現されるものですから（カルヴァン『綱要』IV・3・1），御言葉に仕える教師は議長として聖霊の導きを祈り求めつつ，信仰告白と教会法に従う議事となるように会議をリードする責務と権限を与えられていると認識すべきです．牧師は，会議場の真ん中に主なる神が立っておられることを自らも畏れをもってさし示しつつ，適宜適切な指示・教示をもって議事を進行しなければなりません．

　さらに，ただ主に忠実に教会の信仰告白を堅持して，説教その他礼拝のために仕え，広くたゆまずに伝道に励み，信徒の魂のために愛をもって牧会にあたるように，日ごろ本人が努めるべきことは当然ですが，他方，長老はもとより一般信徒たちも牧師のその務めのために祈り，またその生活を支えることは，法的な明文の定めのあるなしにかかわらず，牧師職に関する教会の秩序として当然のことでしょう．加えて，教師の戒規の定めは祈りをもって揺るぎなく執行され，保持されなければなりません．教師の戒規については，さらに関係箇所で後述します．改革長老教会の牧師に関する法的な備えとして大事なことは，そのような牧師の日ごろの錬成を指導し，支え，共に鍛練し合うことが地域教会長老会（中会）の責務であり，権能であることで，このことは主キリストの教会としてきわめて重要な定めとして既に述べました（前掲 **3**.(4)の b 参照）．

(2) 長老について

　長老は信徒の中から選出され，これを教会の頭なる主の召しと受け止め，長老按手を受けて牧師と共に長老会（小会）を組織し，上述の長老会（小会）の務めにあたる者で，治会長老ともよばれます．前記の長老会（小会）の務めに鑑みると，「長老は，信仰経験に富むとともに，教

会の信仰告白と伝統に忠実であり，礼拝を厳守する者」（「モデル各個教会規則」第27条）であるべきことはきわめて重要であって，教会形成の歩みは同時にこのような長老像を追い求める歩みでなければなりません.

1890年制定の日本基督教会憲法に続く規則第15条には，次のように定められていました.「長老は通常在職2年とす. 而して成るべくは二班に分ちてその在職期限を同時に満たざらしむべし. 長老選挙は投票3分の2を得るを要す. ……任職式を受くる時は此教会の憲法・規則・信仰の告白を誠実に受容るることを明言し，且凡て長老たる者の職分を忠実に尽さんとすることを誓約すべし」. その他，長老としての務めと地位については，長老会（小会）に関して前述したところから理解することになりますし，各個教会の長老会（小会）を中心とする組織および運営の細部については，日本基督教団にあって可能な限り長老制度を貫くために書いた本書第五部「『モデル各個教会規則』とその解説」で述べることと重複しますので，略します.

ここではただ，最も肝腎なことは，牧師と同様に，召したもうた主に忠実に長老会（小会）の一員として――その召しは長老会（小会）の一員に召されたということ――ただ祈りと愛をもって奉仕することです. ですから，長老会（小会）において祈りと論議を尽くし，そこで決定したことには，自分個人としての意見と異なるときにもその決定を尊重しなければなりません.

牧師との関係については，「すべて牧師と共に，また牧師を補佐して」と記すに止めます. この「牧師の補佐」とは，説教と聖礼点の執行は牧師の責務ですから，長老は牧師を補佐する立場に立つことになりますが，その他の長老会（小会）の責務と権能の行使については，長老は牧師と平等の立場で協議に参画し，同等の表決権を有し，共に主のために協力することになります.

(3) 執事について

　長老教会においては，牧師および長老と並んで重要な職務を担う者として執事が挙げられます．それは，初代教会で生活費の分配や食事の世話をする者として立てられたステファノやフィリポなど「霊と知恵に満ちた評判の良い人」7人（使徒6：1—6）を先駆けとし，「施しをする人」「慈善を行う人」（ローマ12：8）が挙げられ，これらを受けて宗教改革期になると，「（教会に）……執事が存在するのは，……貧しい人やその他すべての苦しみ悩む者がその必要に従って助けられるため」（フランス信仰告白第29条，RCSF II，111頁）と宣言され，教会の制度として貧しい人々への施しや奉仕をし，また教会の金庫を管理する務めにあたる執事が，信仰に基づく愛の業を担う者として，長老教会の大切な奉仕の制度になっていきます（カルヴァン『綱要』IV・3・9）．そして，教会における大切な働きとして，公に選任し任職式がなされるのが通例です．

　もっとも，福祉国家としての国の公的福祉制度が整ってきている今日，執事の具体的な職務は教会の会計事務その他諸種の事務処理や礼拝準備，または高齢者や病気の教会員を訪問して祈り慰め励ます等の奉仕がその務めになっています．特に，この執事の訪問は，牧会としての牧師および長老の訪問とは違いますが，日常的に訪問して慰め励ます愛の奉仕はきわめて大事な教会としての働きです．それはまた社会的な愛の奉仕を推奨するものでもあります．

　ただ，執事の働きは，牧師・長老の指導のもとに，その補佐をするものと理解すべきでしょう．前述のように，教会の主への奉仕につき協議決定し，教会員を指導する責務と権能を有するのは，牧師と長老による長老会（小会）であり，執事はその構成員ではありません．教会によっては執事も長老会（小会）に出席することとしている教会もあるかと思いますが，それも所管事項につき求められて説明したり，関連して所見を述べるに止まるべきものです．また，執事会という会議をし，さらにそのような組織を置く教会もあります．しかし，長老制度の教会におい

ては，その役割は執事相互の奉仕の調整や打ち合わせに限られるべきです．その会議の進行に牧師が議長として臨み，結果的に長老会（小会）で協議すべきことまで決定するようなことにならないよう，注意すべきでしょう．

このようにみてくると，今日の長老制度のもとにおいては，執事は，牧師・長老と同位・同等の意味で教会の三職の一つというべきものではないと考えられます．もっとも，こう申しましても，執事が教会の重要な奉仕の職務であることは言うまでもありません．

⑷　教会総会について

当該教会の牧師および教会所属の信徒によって構成される教会総会は，組織法的にどのような位置づけになるのでしょうか．

総会議員となりうる信徒とは，その教会に所属し，主日礼拝に出席して聖餐に与っている者（教団の教規によれば「現住陪餐会員」）のことです．牧師とこのような信徒により構成される教会総会において長老選挙がなされることは，教会の基本的組織の根底に礼拝があるという意味で大事なことであることは，既述しました（本書第一部第3章**2.**）．教会総会の第一の務めはこの長老選挙です．教団所属の教会の場合，教憲第7条が教会総会を教会の最高の政治機関と規定していますので，改革長老教会の伝統に立つ教会は，教会総会がなにゆえ最高の政治機関であるかの根拠を長老選挙をすることに基づくとして理解することになります．

実は，わが国における長老教会発足の当初は，教会総会という名の会合はありませんでした．日本基督教会が1890年に信仰告白と憲法を制定したときの規則では，「牧師の選挙は特別に其が為めに開かれたる教会の会議に於てすべし」（第10条）とあり，長老選挙も同様であって（第15条），長老選出のための会議と記されていました．しかし，自給独立という課題に向けて，礼拝献金だけでなく，月定維持献金を献げるようにしつつ諸種の経費につき予算を立てて進めるといういわゆる予算主義

が導入されるとともに，教会員全体による総会がおこなわれるようになり，1920（大正9）年改正日本基督教会憲法のもとでの規則第22条に総会の規定が置かれて，そこで牧師や長老の選挙がなされる旨規定されることになりました．ただし，それも教会の政治機関ではなく，会議に止まります．教会総会という政治組織体があり，その委任により長老が立てられるというのではないのです．

　長老たち（宣教長老と治会長老）がいかに重要な務めを担うかは，上述しました．その長老たちを推挙することが，その具体的進め方の詳細はさておき，基本的には教会総会における選挙によるのだとすると，その構成員である信徒たちによる推挙の適正とその水準が問われます．信徒たちは長老選挙の意義を十分に理解し認識して，一つなる祈りに立ってこの選挙に参加するのでなければなりません．ここで重要な意味をもつのが前述した信徒訓練であり，その重視という改革長老教会の伝統的特質を尊重する教会形成でありますので，後でそれを取り上げます．

(5) 奉仕の三職をキリストの三職に関係づけることの問題性

　上述の牧師，長老，執事の三職につき，カルヴァンが説き，ハイデルベルク信仰問答の取り上げた「油注がれた者」の意から展開されたキリストの三職，すなわち預言者・王・祭司の三職を説くところのキリスト論を受けて，キリストの体なる教会の奉仕の組織につき，牧師は預言者，長老は王，そして執事は祭司の務めをそれぞれおこなうものであるとの見解を，時折聞くことがあります．しかし，私は，この見解は改革長老教会の奉仕組織法の見地からは評価に価しないし，おそらくキリスト論の見地からも意味のないものと考えています．それで，このことについては，「カルヴァンはキリストの三職を論じたが，それによって教会のつとめを基礎づけたり，教会の三つのつとめをキリストの三職と関連づけたりすることをまったくしなかった」．教会の三つのつとめをそれぞれキリストの三職から「導き出そうとしたのは，カイパーにはじまると

アメリカの教会法学者，デ・ムーアは言う」（澤正幸著『長老制とは何か〈増補改訂版〉』一麦出版社，2018 年，48 頁）を引用するにとどめておきます．

6. 組織法の基礎にある相互牧会としての訓練・戒規について

　ここで直接具体的な組織法的テーマではないが，それを支えつつ福音主義改革教会形成を血肉あらしめるものとして，相互牧会と訓練戒規につき若干のことを述べることにします．

　(1) まず牧会とは，福音の力によって個人の魂の重荷を取り除き，その信仰をキリストのもとに守り高める教会の業であります．御言葉がそれぞれの生活の具体的状況の中にまで入り込み，これを支えるものとなるように配慮することです．宗教改革は個人の魂の救済を徹底的に問題にしたという意味では，牧会改革運動でした．そしていわゆる万人祭司の主張は，一方で牧会を聖職者だけの務めとすることを否定し（例・告解の否定），他方で，信仰者間の相互牧会を新たに確立したのです．
　では，相互牧会の根底にあるものは何か．それは罪の赦しの福音であり，罪の赦しが現実に起こるところは教会であるということです．「まず神の民に加えられ，キリストの体との一致と交わりを保ち続け，こうして教会の真の一員とならないかぎりは，だれも罪の赦しを得ることはできないから」（ジュネーブ教会信仰問答 104，RCSF Ⅰ，438 頁）です．そして，「この任務［教会の罪の赦しの権能を常に行使する務め］をゆだねられた長老や監督たちが，福音の約束をもって，敬虔な人々の良心を罪の赦しの希望に固くするとき，これがなされる」（カルヴァン『綱要』Ⅳ・1・22）のです．信仰者相互の赦しあい，祈りあい，慰めあい，仕えあう緊密な共同体，すなわち信徒が互いに愛し合うこと（ヨハネ 15：12），そして相互牧会がそこに成り立つのです．使徒は諭しています．「だ

から，主にいやしていただくために罪を，告白し合い，互いのために祈りなさい」（ヤコブ 5 : 16）と．

（2）さらに，改革長老教会は，一歩進んで，罪の赦しを無にしないために，教会につながり，教会にあって生きることの訓練と教育を最も重視します．それによって，信徒の相互牧会をして個人的人間的情緒に陥ることを防ぎ，終始主の恩寵に目を向け，キリストの体なる教会の改革に結実するものにしようとしているのです．

それゆえ，教会的訓練は道徳的完全を求めてなされるのではなく，キリストの体の肢である教会人をめざしてなされます．すなわち，第一に礼拝の訓練，礼拝中心の生活の訓練，聖書を読み祈る生活の訓練，そして交わり，奉仕および証しの訓練であります．そして，それらは，第一に説教により，聖書講読によってなされ，それを補充するものとして訪問し勧告することによってなされるべきものと考えられました（カルヴァン『綱要』IV・12・2）．このような訓練の結果として，良心的倫理が高められ，神の栄光のために世の人に尽くす生活が展開されることになるのです．

さらに進んで改革長老教会は，教会員の子たちおよびその他の青少年に信仰問答あるいは信仰告白によって信仰の教育を施し，教会の次の世代を堅固な信徒に育成することを進めます（ジュネーブ教会信仰問答やハイデルベルク信仰問答など）．

こうして改革長老教会における信徒は，受洗後に放牧され，牧師によって個別的に世話してもらわねばならないのではなく，キリストの体の生きた肢として，相互に仕え合う教会の形成に進んで参加し，その一翼を担う主体的存在となるのです．

（3）ここに，改革長老教会が真の教会のしるしとして重視する戒規制度の意義または目的が明らかになります．戒規は相互に仕えあい，自主

的に奉仕するその教会形成の信仰的姿勢を育成するためにあり，しかも
その自主的姿勢を踏まえてこそ成り立つものですから．

　こうして，戒規は，キリストの体を堅固に立てるため，また教会から
離れつつある者が主の恩恵から遠ざかることのないために，教会員とし
ての誓約に反する者に対して，戒告して悔い改めを勧告し，また主の晩
餐が汚されないために，陪餐を停止し，さらに，教会の信仰的純潔の保
持と頭なる主が汚されないために，主キリストを否認する者を除名し（カ
ルヴァン『綱要』Ⅳ・12・5，ウェストミンスター信仰告白30・3），また教
師についてもそれぞれに戒規の定め（戒告，停職，免職，除名）を明確
にしています．

　教会の戒規執行権の根拠は，罪を罪とし，かつこれを赦す権威をかし
らなる主が教会に与えたもうたことにあります（マタイ16：19，18：18，
ヨハネ20：23，カルヴァン『綱要』Ⅳ・1・22）．そして信徒の戒規につい
ては各個教会長老会（小会）が責任主体であり（カルヴァン『綱要』Ⅳ・
12・2，ウェストミンスター信仰告白30・2），教職者のそれについては地
域教会長老会（プレスビテリー，中会）が責任主体であります．

　これらの戒規執行にあたる者は，日ごろ当該信徒や教師と信仰の交わ
りを厚くしつつ指導・支援する者であることを忘れてはなりません．そ
れらの戒規執行者に対し，そして広く教会に対しては，「戒規執行に当
たり，極端に走らず，愛の法則に従っておこなわなければならない．そ
して，その者が悔い改めてさらに良くなることを希望しつつ，執り成し
の祈りをやめてはならない」と強く勧められています（カルヴァン『綱要』
Ⅳ・12・9）．戒規の根本は愛による訓戒なのです．

　（4）最後に重要なことは，戒規，したがって，教育と訓練につき長老
会（小会）が責任主体であることのゆえに，牧師と長老はまず自ら聖書
を正しく深く読み，教会の教理を究め，祈りと奉仕を高める自己鍛練に
励み，また互いに率直に励まし合い，諫め合いつつ，一般教会員に率先

して諸種のことに奉仕し，愛をもって交わりを深めるよう努めなければ
ならないことでありましょう．長老会（小会）の定例の会議において，
祈りと学びの時間をもつことも，大切なことと思います．特に教師の場
合，プレスビテリーにおける相互研鑽により教師の戒規を正しく受け止
めることの鍛練が求められていることを強調しておきたいと思います．

7. 小結 —— 御言葉の力

　使徒パウロは，上記（本書74頁）引用の訣別説教において続けて，教
会の長老たちにこう語りました．「わたしが去った後，狂暴なおおかみが，
あなたがたの中にはいり込んできて，容赦なく群れを荒すようになるこ
とを，わたしは知っている．また，あなたがた自身の中からも，いろい
ろ曲ったことを言って，弟子たちを自分の方に，ひっぱり込もうとする
者らが起るであろう．だから，目をさましていなさい．そしてわたしが
三年の間，夜も昼も涙をもって，あなたがたひとりびとりを絶えずさと
してきたことを，忘れないでほしい．今わたしは，主とその恵みの言と
に，あなたがたをゆだねる．御言には，あなたがたの徳をたて，聖別さ
れたすべての人々と共に，御国をつがせる力がある」（使徒20：29－32，
口語訳による）と．

　御言葉には力がある．主に忠実に教会形成を進めさせる力がある．長
老制度は，これを受け，これに応えるために改革教会の歴史の中で調え
られて来たものでありましょう．

　アメリカ合衆国フィラデルフィアの合衆国独立記念碑の近くに長老教
会歴史会館（Presbyterian Historical Society）があり，日本伝道に尽くした
宣教師の書簡等の貴重な資料もそこで見ることができますが，その会館
前にF. Makemie の銅像が立っています．彼は，1706 年，合衆国長老教
会の最初のプレスビテリー会議がフィラデルフィアで開催されたとき，

あの広大な植民地に散在する諸教会に呼びかけ，奔走して，集まった7名の牧師たちの中心人物として記念されているのです．その前に立ったとき，植民地13州による国家建設よりも肝要なこととして，その70年前にフィラデルフィア・プレスビテリーが結成されたことに強い感銘を受けました．

　このようにして，世界の改革長老教会は，その使命のために，歴史的諸条件の中で，上記の組織原理の具体的に妥当な実現に努めてきたのであり，日本の改革長老教会の群れも，日本基督教団においてという歴史的条件の中で，あるいは同教団以外にそれぞれの教派教会の歩みにおいて，その実現・形成をどのように図って頭なる主に仕えるかにつき，御言葉の力を信じて知恵と忍耐と祈りを尽くして励むべきことを求められているのでありましょう．

第三部　日本基督教団の教会組織法と各個教会規則

　ここで取り扱う日本基督教団の教会法については，私は先に『日本基督教団教憲教規釈義』(全国連合長老会出版委員会発行，2015 年．以下『釈義』と略記）においてかなり丁寧に述べましたので，ここでは特に教会組織法としての会議制を中心に述べ，次いで教団と各個教会との関係につき各個教会規則の位置づけを中心に基本的なことを論じることにいたします．それにはまず，教団とはいかなる教会かにつき，教憲の前文等を丁寧にみておくことになります．教団は諸教派の合同により成立したものであるだけに，このことは大事です．

1. 教憲前文および第 1 条について

　日本基督教団（以下，「教団」と記す）の実定教会法は，基本法としての「教憲」とそれの施行法であるとともに教憲を補充する働きもしている「教規」から成っています．そして教憲は前文と本文から成っていますが，その組織法を考察するにあたっては，教憲の前文をまず見ておかなければなりません．教団とはどのような教会なのかがそこに語られているからです．

　前文は教団の教会としての自己認識を示し，その上に本文を展開するもので，きわめて重要です．それは三段落の構成になっています．第一段落では聖なる公同教会につき，第二段落でその見える教会につきそれぞれその認識を明らかにし，それを受けるしかたで，第三段落では，聖なる公同の教会に連なる一個の全体教会であるとの自己認識に立って，

次のように述べています.

　「わが国における 30 余派の福音主義教会およびその他の伝統をもつ教会は，それぞれ分立して存在していたが，1941 年（昭和 16 年）6 月 24 日くすしき摂理のもとに御霊のたもう一致によって，おのおのその歴史的特質を尊重しつつ聖なる公同教会の交わりに入るに至った. かくして成立したのが日本基督教団である」.

　教団が宗教団体法による政府の強権的指導を受けて，1941 年にローマ・カトリックを除くキリスト教諸教派の合同により成立したことはよく知られているところです. この日本の教会史における重大な歴史的出来事については後で別に論じますが，戦後の大変革の時に，教団は教憲改正をおこない，またさらに遅れて信仰告白を制定宣言しました. そして，この第三段落は，教団の成立がこの世の権力に屈した出来事であっても，なおそれは「くすしき摂理のもとに御霊のたもう一致によ」るとして，主の御手がそこに働き，聖霊の御業であったとの信仰的認識を示して，教団が聖なる公同教会に連なる全体教会の一つであることを宣言しています. これは，教団の教会性についての自己理解であるとともに，このことにつき加盟各個教会の共通認識を規定しているわけです. この中で最も重要なことは，聖霊による一致が根本にあることですが，この信仰認識の一致がなければ教会は存在を許されないし，またこの共通認識が教会基本法としての教憲を支えることを示しています.

　加えて，ここで特に注目すべきことは，「おのおのその歴史的特質を尊重しつつ」とあることです. すなわち，諸教派合同の教団は，それぞれの教会的伝統の存続を認め，それを尊重し合うとしているのです. しかも，福音主義教会以外の伝統に立つ教会も加わっていたことも明記しつつであります.

　この「歴史的特質の相互尊重」ということがなければ，いかに宗教団

体法の圧力があったと言っても，当初のいわゆる「部制」は解体されて，結局は信仰的相違を越えたこれほどの規模の合同は維持できなかったでしょう．戦後は，かなり有力な教派ないし教会的グループが教団を離脱しましたが，そしてこのことは教団が日本における一教派教会となったことを意味するでしょうが，なお教団が存続しえたのには，「歴史的特質の相互尊重」が働いていたことは確かです．また，この第三段落の末尾には，当初「これがすなわち日本基督教団である」とあったのを，後に現在の「かくして成立したのが日本基督教団である」に改めています．このことにつき「歴史的特質の相互尊重」は教団創立時の事情を示すにとどまると解する向きもあるようですが，歴史的特質の相互尊重はひき続き生きているのであって，それを受け止め大切にしつつそれぞれの教会形成に励むことこそが，合同教団としての教会形成を教会の歴史において働きたもう頭なる主に忠実に進める所以でありましょう．

　後述する教憲第7条および同第8条において述べることですが，教団所属の各個教会も教会性を有し，その教会規則を定め，聖礼典の執行その他の教会的権能を行使しうるとされています．その他，各個教会に関する教憲教規の諸規定を述べる中でおのずと明らかになることですが，「歴史的特質」すなわち教会的伝統の尊重ということは，実際には，各個教会の形成において，具体的にはその各個教会規則において重要な意味をもってくることをまず指摘しておきます．

　なお，この第三段落は，教団の正式名称を「日本基督教団」と定めているものとして，重要です．教団の名称については，漢字表記であることも含めて ── 「基督」を片仮名表記にすることも教憲改正手続きによる ──，ここにだけ規定されています．

　次に，前文に続いて教憲の総則的規定である第1条が重要でありますので，それにつき略述しておきます．

　第1条は，次のようになっています．

　「本教団はイエス・キリストを首と仰ぐ公同教会であって，本教団の

定める信仰告白を奉じ，教憲および教規の定めるところにしたがって，主の体たる公同教会の権能を行使し，その存立の使命を達成することをもって本旨とする」．

　本条の細部については略しますが（なお，深谷『釈義』22頁以下参照），前文を受けて主キリストを首と仰ぐ公同の教会であるとの自己認識に立って，教団の信仰告白を一致して告白し続けることを宣言し，それに基づき教憲・教規により教会的権能を行使してその使命を達成することを明確にしています．ここにおいて，教団の信仰告白は教団に結集した各個教会に対して規範性を有すること，この信仰告白を基礎として教憲教規が展開され，教団所属の全教会を規律することが明確にされています．

2.　教団と各個教会の教会性ならびに教団の会議制について

　実定教会法は教会が定立するものでありますから，教団の場合，前述のように教憲第1条で教団の教会性を宣言し，教憲・教規を始め，各種規則その他を定めることができるのですが，それらの立法その他教会としての意思決定を「政治」と表現して，教憲第4条においてそれは「会議制」によるとしています．言うまでもなく，主の名において集まり協議して決定する仕組みをいうわけですが，具体的には教憲第5条以下において定められています．

　まず，教憲第5条「①本教団は教団総会をもってその最高の政治機関とする．②本教団の教会的機能および教務は教団総会の決議ならびに教憲および教規の定めるところにしたがって，教団総会議長がこれを総括する」についてですが，ここに「教会的機能」とあるのは，教会的権能のことです．それを「機能」としたのは「権能」では教権主義的色彩が強いからだと説明されていますが，かえって不適切です（深谷『釈義』

37頁以下参照). ともあれ, この「教会的機能および教務」は教会性を
有するものに認められることですから, 注目しなければなりません.

　その点, 次の教憲第6条は, 教区につき教区独自の教会的機能につい
ての定めはせずに, 「その (教団の) 教会的機能および教務を遂行する
ために教区を置く」と規定し, 「教区は本教団所属教会の地域的共同体」
とするに止まっています. つまり, 教区は教会性を有せず, その行使す
る教会的権能は教団のそれを機関委任により行使することであるとされ
ているのです. ですから, 教区総会その他の教区の会議には, 直接に実
定教会法規を定め, またその解釈を決定する権能はもちろんありません.

　それに対して, 各個教会に関する教憲第7条は, 「本教団の所属教会は,
本教団の信仰告白を奉じる者の団体」であり, 「教会の教会的機能およ
び教務は教会総会の決議」等によって遂行される旨を定めていますから,
教団所属のいわゆる各個教会は教会性を有していて, 教団に包摂されつ
つそれ自体が教会として存在するもので, 基本的に教会法を定立する権
能も有しているということになります. したがって, 教団所属の各個教
会にとって, 教会法は教団法と各個教会法との二重構造になっているわ
けです. しかも, 各個教会にはその信仰的伝統に基づく慣行があります.
この各個教会のいわば伝統的慣習法と教団法との関係は, 先に述べた教
団法と各個教会法との二重構造の内容の一部であり, 前文にある「歴史
的特質の尊重」により, 各個教会の慣行がその信仰的伝統に基づくもの
であるときには, 教憲教規の規制枠の許す限り, 最大限に尊重されなけ
ればならないと理解すべきです.

　前に指摘したように, 教憲第4条は教団は「会議制によりその政治を
行う」と規定していますが, これは, 改めて言うまでもなく世俗法の民
主主義の意味のそれではありません. キリスト主権の教会統治の一方式
としての会議制ですから, 福音信仰の純正保持の目的などこれまでに述
べてきたところから明らかなように, 教会の場合は, 衆議的政治的判断
の前に, 教理的・教会法的な判断, いわゆる信仰職制論的判断が先行し

なければなりません．そこでもっとも大切な認識は，各個教会の教会性を認めつつも，教団が各個教会の単なる「組合」あるいは連合的集合体ではなくて，各個教会が教団にまとまることにおいて全体として一個の教会（全体教会）であるということであり，そしてそのことは，すでに述べたところから理解できるように，信仰告白と教会法，さらに礼拝指針の三点における一致によって可能であるということであります．ただ教団は，教会組織法的には教憲・教規により所属各教会間の一致を保つ仕組みを採っていますが，信仰告白については，その規範性・拘束性を認めることにつき消極的な伝統を有する教会もあり，礼拝指針についても教憲第 8 条の基本的な定め以外に統一的なものがありません．それでも，教団がその信仰告白・教会法・礼拝指針の三点の一致を前提とし，そのことの上に全体教会性を保持する歩みを続ける限り，各個教会は，教団の最高の政治機関である教団総会（教憲第 5 条）の決議に服することになります．それに反して，教団において，信仰告白の位置づけと内容理解に混乱をきたすとき，また教団総会が混乱し，教会法的に不安定なままに推移するとき，教団は実質的に全体教会性を失って，各個教会の組合的協議会に落ち込んでいくことになるのです．

　ところで，教団法においては，前述のように各個教会と教団総会との間に教区が置かれています．すなわち，教憲第 6 条によれば，教区は教団の教会的機能と教務を遂行するために置かれるとされていて，その意味では，教区は教団の下部機関として位置づけられているわけです．もっとも，他方で，教区を「教団所属教会の地域的共同体」と定義することによって，各個教会の自主性を認めつつも各個教会間の連帯性を強化しようとしているとも言われ（第 12 回教団総会における教憲改正案の「解説」），単純に上から下への機関ではないと考えられます．また，「教区総会をもってその最高の政治機関とする」という法文は，教区の自主性を表現するものと理解されてきたようです（上記「解説」による）．

　こうみてまいりますと，教団の組織法は，教団→教区→教会という上

から下への方向をもって考えることは誤りですし，また，教会→教区→教団という上昇の論理だけで把握することもできません．教会法の基本原理に立って，その構造を総体的に分析し，考察することが必要であろうと考えます．

　そこで，教団総会と教区総会につき教憲・教規に具体的にどう規定されているかを確かめつつ考察したいと思います．

　まず，教区総会の処理すべき事項に関する教規第66条およびその諸事項に関する他の諸規定を総合しますと，教区の担う務めとして，(1)按手礼および准允をすること，(2)教会・伝道所の設置，解散および規則変更の承認，(3)教師の就任，退任その他異動等の承認，(4)教会・伝道所への連絡および指導，(5)教会の記録審査その他があります．そのうち特に重要なものは(2)と(3)ですが，これらについて教区は実質的具体的に関与し，指導推進するのではなく，各個教会のそれらの行為に対して教団としての承認を与えるという役割に止まっています．結局，主の教会形成のための実質的具体的な伝道や教会設立，そのための伝道者支援等を推進する務めは，教区に負わされていないわけです．上記の(1)(2)(3)等の事項は「教務」以上の「教会的権能」に属するというべきであり，教区に教会性を帯びさせるほどのものでありますが，教憲において教区は「地域的共同体」であると明記されていますので，これは教団のなすべき権能の下部組織への委任に止まるのです．

　教団総会については，教規第18条にその処理すべき事項が列挙されていますが，その中でも教団総会としての固有の務めは，結局，信仰告白と法（教憲・教規）の解釈に関する事項，教師検定にかんする事項，教団的規模の宣教に関する事項および教団財産の堅実な管理などの宗教法人法上の事項等に尽きるということができます．

　さて，教団組織法のこのような教会，教区，教団の三重構造について言えば，教区の位置づけは旧日本基督教会の中会さらにいわゆる改革教会のプレスビテリーとまったく異なりますが，前述の長老教会の政治体

制に若干類似するものが見られますし，他方，教憲が，教団，教区および教会につきそれぞれ教団総会，教区総会および教会総会をもって最高の政治機関とすると定めているのは，会衆主義教会的傾向を帯びているとも言えます．教団組織法は合同教団として当然のことながら，このように各教派の特色の一部を合成して組み立てられていると理解されます．

3. 教憲教規と各個教会規則

　次に，教団と各個教会との関係，特に教団の教憲・教規と各個教会規則との関係を中心に考察してみましょう．

　教規第4章の各個教会に関する規定群の冒頭にある第85条は，こう規定しています．

　「教会は，本教団の信仰告白，教憲，教規および教団諸規則にのっとり教会規則を制定し，教区総会議長の承認を受けるものとする」．

　ここで最初に留意すべきことは，いわゆる全体教会は，その所属する各個教会の組織運営等についての規則も統一的に定めているものであり，それでこそ全体が一つの教会であるのですが，諸教派の合同による教団においてはそうなっていません．教団の法につき述べるにあたり，始めに教憲前文の合同による教団の設立につき，特にそこに明記されている「おのおのその歴史的特質を尊重しつつ」との一節につき論じたことがここにも現れていて，この第85条は，各個教会がそれぞれの教会規則を定めることを容認し，むしろ奨励しています．しかも，その教会規則は地域的に数個の教会が一つとなってのものではなく，各個教会についてですから，見様によっては，教団が会衆主義教会の要素も包含し

た合同教会であることの現れとも言い得るものですが，いずれにせよ，各個教会がそれぞれの教会的伝統に基づいて教会形成をすることを容認していることを，各個教会規則につき明確にしていると言いうることでしょう．

このようにして，教団の教憲・教規の明文の規定は，教団所属各個教会の法の最低限の外枠を定めたものであって，各個教会は，その自主的自律的取り組みによって，この外枠からはみ出す部分を修正し，その大枠の中で，それぞれの教会的伝統ないし伝統的慣行を実質的に生かし現代的な適用を作り上げて，各個教会規則を作成していくことができるのであり，またそうすべきものなのであります．

その場合注意すべきことは，この「大枠」の意味であります．それは一言で言えば，教憲・教規の諸規定全体を総合的に解釈して抽出される基本的な教団法の原則であり，またそれに基づく規定のことであります．教憲の規定はほぼこれに相当するということができましょう．しかし，教憲の文言の一言一句と異なってはならないという訳ではありませんし，教規の諸規定およびその文言に一切反してはならないということではありません．

およそ成文法規は解釈により適用されるものでありますが，教会規則に関連して教憲・教規を解釈するとき大事なことは，教団と各個教会との関係をどう理解すべきかであります．そして，そのためには，上記のような合同教団の歴史と各個教会の教会的伝統との関係の正しい認識が基礎となるというべきであります．

そのような認識を踏まえつつ，第85条とそれに関連する教規の諸規定をみることになりますが，このことについては，拙著『日本基督教団教憲教規釈義』において分析論述していますので，ここでは略述に止めます．

まず，上記第85条は，所属各個教会に規則制定権を付与する規定ではありません．教会性を有する各個教会は，当然に規則制定権能を有し

ています.

　むしろ，本条の基本的法意は，各個教会の規則は教団の信仰告白，教憲，教規およびその他の諸規則に則るべきことを定めて，教団との所属関係の法制化を図ることにあります. したがって，教会規則はこれら教団の信仰告白と法に違反してはなりません. 教区総会議長の承認（そして教団総会議長の同意［教規第168条］）はその手続的保障のためです.

　なお，この承認がなければ，教会規則は無効というのではありません. この承認を得ていなくても，教会規則として効力を生じるのですが，信仰告白や教団法に反する部分だけが効力を生じないということです.

　既述のように，教会規則が成文化されずに，部分的な規定や慣習・慣行等の不文の形である場合もありますが，その場合でも，上記の教団の信仰告白と法に背反すれば，それは効力を認められず，教会会議のそれに基づく決定は無効です.

　次に，教規第86条は教会規則に規定しなければならない事項として10項目掲げています. これらにつき規定していなければ教区議長の承認を得られませんが（いわゆる必要的記載事項の定め），しかし，その項目掲示には重大な不備・欠陥があります. 信徒に関する事項(6)と役員に関する事項(7)は掲げられていますが，実は，教会総会と役員会（長老会，小会）は掲げられていず，教会規則に規定すべき事項とされていないのです. 教憲（第7条）や教規諸規定との重大な齟齬でありますが，それでもこの第86条は改正されずに，長く放置されています.

　なぜこのような教規制定がなされ，また，今日までそのままになっているのかについては，前掲の拙著『日本基督教団教憲教規釈義』において若干記しましたが，このことも配慮してか，教団の信仰職制委員会は1970年6月に，教会総会や役員会の規定を含む教会規則準則（「日本基督教団○○教会」規則［準則］）を作成し，常任常議員会の承認を得て，発表しています. しかし実は，その内容を見ると，この準則にも，基本的な箇所に重大な欠陥があるのです. もちろん，これはあくまで準則で

すから，教会規則を制定するとき，これに依らなければならないものではありませんが，その問題性は見過ごされてはなりません．それは次に掲げる教会規則準則の第3条です．

「(包括団体) 第3条　この教会は日本基督教団に所属し，日本基督教団信仰告白を告白する.」

およそ福音主義教会では，そして少なくとも日本基督教団の教憲第1条，第2条および第7条において明らかなように，信仰告白の一致のうえに全体教会が形成されるのであり，各個教会が教団に所属するのは，教団の信仰告白を告白するからです．信仰告白と無関係に，つまり無前提に教団に所属するのではありません．この第3条の構文では，その重大なことが無視されており，曖昧になってしまっています．この第3条は，少なくともその構文の前後を変えて，「教団信仰告白を告白し，教団に所属する」とすべきです．

さらに，本条に「包括団体」との見出しが付せられていることが，各個教会の教団所属の基礎をいっそう不明確にしてしまっています．これでは，世俗国家法である宗教法人法による「包括関係」が各個教会の教団所属の基盤であるという奇妙な教会法的認識の上に，この準則は立っていると解されてもやむをえません．これは絶対に「ノー」であります．本条に見出しをつけるとすれば，「(信仰告白および教団所属)」とすべきでありましょう．

以上のような問題はありますが，この準則は宗教法人としての規則と教会規則とを区別する立場に立って，ほぼ教規第4章 (教会および伝道所) および第6章 (信徒) の諸条項を骨子として作成されており，役員 (長老) 会 (小会)，戒規，財産管理など教会形成にとって要ともいうべき部分については，中間色ないし無色のかつ簡略な条項をおくに止まっています．それは合同教団としてやむをえないことであり，またかえって穏当なやり方とも評価できるでしょう．

しかし，この教会規則準則に適宜字句を挿入して各個教会規則を作っ

ても，それは決して適切とは言えません．第一，各個教会規則の制定は，
教会形成にとって最も大切な教会員の教会観の一致 —— それは教団の
信仰告白と教憲・教規を踏まえつつ，その歴史的特質を生かして形成さ
れるもの —— を確認しつつ進められるべき共同の作業でありますから，
基本的部分から論議を煮詰めていくことが肝要で，準則はその議論の整
理に役立つものの一つに止まります．

　こうして，私にとっては，教団内にあって改革長老教会の伝統に立つ
教会としてはいかなる各個教会規則を定めるべきかが，重要な関心事に
なってきます．そして，本書第一部第 1 章および第 2 章で述べた「金沢
教会規則（案）」を作成した後，教会法論の構想を煮詰めていくにつれ
て次第に形を取ってきた「モデル各個教会規則」とその解説を本書に付
け加えることがよいのではないかと考えた次第です．そこで，教団にあっ
て改革長老教会の教会形成にふさわしい各個教会規則のモデルを作るこ
とおよびその個々の項目についての解説は，本書第五部で述べることと
して，教団と所属各個教会との関係についての論述はここで一つの締め
くくりとします．

第四部　教会と国家教会法

1. 国家教会法と国家の自己抑制

　第一部においては，神の主権のもとにある自律的秩序としての教会法について述べましたが，教会は，世俗的には社会的団体として存在しますから，その面においては，他の社会的団体と同様に国家法の規制を受けることになります．それが国家教会法であり，わが国の場合は宗教法とよぶのが通常です．これについて，またこれと教会との関係については，前に第一部で若干述べましたが，ここでもう少し丁寧に取り上げることにいたします．

　この宗教法または国家教会法について考察するとき大事な視点は，宗教法または国家教会法は，宗教および宗教団体に対する国の基本的政策の実際的表れであり，より基本的には，教会と国家の関係についてのその国の基本的態度がそこに具体的に出ているということであります．

　世俗法の次元において教会と国家の関係を考えようとするとき，その基本的視点は歴史上いろいろにありましたが，今日，それは基本的人権にあると言わなければなりません．近代市民社会においては，国家は基本的人権を保障するというその役割のゆえに，その存在を認められていると考えなければならないからです．

　日本においては，とりわけそうです．日本においては，日本という国家は自然発生的にできてきたとみられがちであり，私たちも，そこに自然に生まれ育ったと考えているところがあります．日本神話における「大八洲とその民草」に淵源するものなのでしょう．そのために国家の存在は批判の余地のないものであり，国家が社会の全機能を統括するのは当然であると理解しがちであります．その結果，日本社会は，国家の権力

機構は人権保障の役割ないし機能を正しく果たしてこそ，その存在を許されるという考え方には，感覚的ににぶいところがあるようです．

　しかし，国家以前に，尊厳性を保障されるべき個人が存在するのであり，その個人の尊厳性の保持を謳い上げた基本的人権の保障が国家存立の基本理念であり，その権力機構の第一目的であります．このことは世界人権宣言とともに，日本国憲法の大前提です．そして，そこに明確にされる諸種の基本的人権を集約すれば，それは，自由権，平等権および平和的生存権に尽きるでありましょう．このことを縷述することは控えますが，これらの基本的人権の本質は明確にしておかねばなりません．それは，第一に固有性，第二に普遍性，第三に平等性，そして第四に永久性であるといわれます．

　基本的人権の固有性とは，人間がもともとから有しているということで，それは法論理的に憲法以前，国家以前から有しているという意味であります．それゆえに，すべての人が平等に有しており（普遍性・平等性），しかも憲法（またその改正）をもってしても否定できないという意味で永久のものであるのです．そして，このような基本的人権の保障のために国家の存在が許されるという思想であります．国家が基本的なものと定めたから，基本的人権なのではありません．

　このことは日本の憲法自体が明言しています．第97条がそれです．これは憲法の実質的な結びの章である「第10章　最高法規」の冒頭の規定です．この章では，憲法が最高法規であることを宣言し（第98条），また天皇，国務大臣，国会議員，裁判官その他の公務員が憲法を尊重し擁護する義務を負う旨を規定していますが（第99条），第97条は最高法規であることの根源は基本的人権の保障にあることを示して，「この憲法が日本国民に保障する基本的人権は，人類の多年にわたる自由獲得の努力の成果であつて，これらの権利は，過去幾多の試錬に堪へ，現在及び将来の国民に対し，侵すことのできない永久の権利として信託されたものである」と宣言しています．ここに普遍性，不可侵性および永久

性が明示されています．そしてこれほどに揺るぎなき基本的人権が保障されるということを，その末尾で「信託された」と表現しています．日本国民はこのような基本的人権を最も大事なこととして守り，生かして用いることに徹するであろうと信じて託されたというのです．では誰が信託したのか．

　社会と人生における絶対的価値と権威は本来宗教的真理の問題であって，そのような真理は各人が彼の神との関係において見出すべきもの，すなわち神に帰せられるべきものであり，たとえ国家権力と言えども，これが正しい真理であるとして強制してはならないし，またこれに介入してはなりません．人権についてもそうであって，広く人権は国家の上に立つ超越者によって「信託されたものである」と認識しなければならないのです．

　なおこのように，基本的人権については個人の人間としての尊厳性の尊重が絶対的な大前提とされていますが，そのこと自体がなぜ無前提にそう言われうるのかについては，別に論じられなければなりません．特にキリスト教会においては，神の創造と和解の信仰に立ってその論拠を明確にしておかなければなりませんが，ともあれ，世俗法の次元においては，国家と教会との関係は，上記のような基本的人権の視点から把握されることが肝要なのであります．

　ところで本論の場合，基本的人権のうち直接具体的に重要なのは，いわゆる信教の自由権です．日本国の場合，憲法第20条がその規定であり，世界人権宣言第18条に呼応するものとして，しかも大日本帝国憲法における神格天皇制による信教の自由の抑圧の歴史を清算するために詳細な規定となっていますが，それが教会と国家の関係を律することになります．

　その憲法上の信教の自由は，通常，次の三つを含むとされています．

　第一に信仰の自由であり，「信教の自由は，何人に対してもこれを保障する」との憲法第20条第1項前段はこれを宣言しています．

　第二は，宗教的行為や宗教活動についての自由であって，「何人も，宗教上の行為，祝典，儀式又は行事に参加することを強制されない」との憲法第 20 条第 2 項は，これに関する定めです．

　第三は，宗教的結社の自由であって，上記の憲法第 20 条第 1 項前段と憲法第 21 条の定める「結社の自由」がこれを保障しています．

　この信教の自由を踏まえて，国家と宗教団体の関係については，政教分離の原則がとられています．政教分離の原則としては，①「いかなる宗教団体も，……政治上の権力を行使してはならない」とする宗教団体の政治的権力行使の禁止（憲法第 20 条第 1 項後段），②「いかなる宗教団体も，国から特権を受け……てはならない」とする宗教団体に対する特権賦与の禁止（同第 20 条第 1 項後段），および「公金その他の公の財産は，宗教上の組織若しくは団体の使用，便益若しくは維持のため，……これを支出し，又はその利用に供してはならない」とする財政的特典賦与の禁止（同第 89 条），③「国及びその機関は，宗教教育その他いかなる宗教的活動もしてはならない」とする国の宗教的活動の禁止（同第 20 条第 3 項）等が規定されています．これらの解釈をめぐる憲法学的論議は省略します．

　むしろ，ここで最も大事なことは，このように信教の自由を保障しているということは，国家が絶対的真理や価値あるいは権威の保持者または具現者ではないということ，またそうなってはならないということを，世俗国家法自らが宣言しているということであります．それはまた，国家権力が教会の信仰告白，礼拝および伝道，さらに教会の秩序に対して介入・干渉しないということを国の内外に約束し，自己抑制をしているということであり，わが国もそうであるということです．これは，教会の側からみても，十分評価できるものです．

2. 聖書に基づく国家観と信仰の自由

　ところで，教会は，国家と教会との関係に関して，前述のような世俗国家法の規制つまり世俗国家の自己抑制に委ねるだけでよいのでしょうか．わが国の一般の法意識では，法といえば世俗国家法だけであって，国家と教会の関係がその国家法に定められておれば，それがすべてであると考える人が多く，それは教会の中にも浸透して，国家との関係についてであれば，教会法よりも前述の国家教会法が当然に優先するもののごとく受け止めている教会人も多いのではないかと思います．しかし，それでよいのでしょうか．

　たしかに憲法上の保障は，国家法体系の基本法により与えられる保障として，国家法的保障としてはもっとも堅固なものであり，その時々の政治勢力の変動に容易に左右されないものでしょうが，しかし人類の長い歴史に照らして見ても明らかなように，国家権力は悪魔化しやすいものであり，国権至上主義は常に教会の頭なる主を否定するものでありました．このことはわが国の歴史が，古くはキリシタン迫害において，近くは明治以降第二次世界大戦終結までの宗教行政において，あまりにも明らかに物語るところであります．しかも，世俗権力によって正面から教会を迫害し，その主を否定しないのであっても，微妙な政治工作により，または個別的行政行為の巧みな積み上げにより，あるいは地域社会の宗教習俗とその擁護をとおして，巧妙にいつの間にか教会とその信仰を追いつめることは，今日でも随所にみられるものです．ですから，教会は，国家がその自己抑制によって教会との関係を正しく保つように見張り，戦っていかなければなりません．

　そのとき，そこにおいて明確にしておかなければならないことは，そのような教会の態度もしくは行動を支える力は，世俗法上の信教の自由および政教分離の論理ではないということです．むしろ，それは，聖書

の告げる国家観でなければなりません．国家は自覚的に主なる神に従う
ものではありませんから，憲法上の信教の自由に止まらず，それを越え
て，教会の本来的存立基盤であるキリストの主権を優先的原理とする国
家観に立たなければならないのです．

　そのことをしばらく考えてみたいと思います．

　先ず第一に聖書は，神は「キリストを死者の中から復活させ，天にお
いて御自分の右の座に着かせ，すべての支配，権威，勢力，主権の上に
置き，今の世ばかりでなく，来るべき世にも唱えられるあらゆる名の上
に置かれました．神はまた，すべてのものをキリストの足もとに従わせ，
キリストをすべてのものの上にある頭（かしら）として教会にお与えになりまし
た」（エフェソ 1：20−22）と宣言しています．このキリストの主権こそ，
国家との関係における教会の不動の存立基盤であります．

　加えて，主キリストご自身が，「皇帝のものは皇帝に，神のものは神
に返しなさい」（マルコ 12：17）と教えられました．国家との関係を考
えるとき，教会は，この主の御言葉を正しく踏まえて立たなければなり
ません．しばらくこの御言葉につき考えたいと思います．

　これは，武力で制圧していた当時のローマの「皇帝に税金を納めるの
は律法に適っているか，いないか」との質問に対する主イエスの答えで
す．適っていないと言えば反ローマ主義者として官憲に引き渡し，適っ
ていると明言すればイエスから民衆を離反させうると計算した巧みな罠
を秘めた質問でした．主はそれを見抜いて，納税に用いるデナリオン銀
貨を持って来させ，それに浮き彫りされている肖像と銘は誰のものかと
問い返し，「皇帝のものです」と答えると，前記の御言葉を語られたの
でした．この主の答えは，「納める」との語ではなく「返す」という表
現を用いた巧妙な答えという次元のものではなく，また皇帝の支配する
領域と神の領域とがそれぞれ別にあって，その「神の領域に属すること
をしなさい」という意味のことを付け加えて言われたというのではあり
ません．「神のものは神に」とは，すべてのものを創造し，支配される

神が皇帝の上におられるゆえに，皇帝への納税問題以上に大事な神への姿勢を正すべきことを言われたのです．

　デナリオン貨幣には皇帝の像が刻まれていて，皇帝のものであることを明示していますが，私たち人間には「神の像」が刻まれています．「神はご自分にかたどって人を創造された．神にかたどって創造された」（創世1：27）とあるとおりです．神の像が刻まれた私たち人間は社会的にいかなる地位にある者であれ，神に属し，神に従い，すべてを神に返すべき存在 —— 神に立ち帰るべき存在 —— なのです．しかも，罪のゆえに神に立ち帰ることのできない私たちの救いをご一身を神に捧げて成し遂げたもうた主キリストは，私たち個々人の生きざまに対すると同様に，社会や国家のありように対しても，真理の主として立っておられ，「皇帝のものは皇帝に，神のものは神に」と言われます．「皇帝のものは皇帝に」は，「神のものは神に」によって覆い包まれています．いかに強大な国家の政治支配者の権力も，永遠の聖なる神の前には小さな存在にすぎないのです．

　「神のものは神に」とは，国の為政者はこのことを認めて，全能にして永遠の神の前に謙虚であるべきこと，それゆえ，人間の心と魂という精神的領域に介入することなく，思想良心の自由を尊重し擁護するべきこと，他方，神の造られたこの世の秩序維持のため不法・不正を抑え，福祉と平和のために尽くすことによって神に仕えるべきことを語っています．

　十字架に架けられる前夜の主イエスと総督ピラトとの問答にも，キリストの主権と世の権力との関係に関して聴くべきものがあります．ピラトの尋問に対して，主イエスは「わたしの国はこの世には属していない」と語られ，「わたしは真理について証しをするために生まれ，そのためにこの世に来た」と言われました．これに対してピラトは「真理とは何か」と問うがごとく聞き流して立ち上がる．そして，私には釈放する権限も十字架につける権限もあると恫喝するピラトに対して，主は「神から与

えられていなければ，わたしに対して何の権限もない」と答えておられます（ヨハネ 18：37−38. 19：10−11）．国家と教会の関係につき，その根本にあるべきものについて，私たちは十字架の主からこのように直接に聞いているのです．

そこで聖書は，この世の権力は，神から与えられている務めとして忠実にそれを行使しなければならないことを随所に語ります．「城門では真実と正義に基づき，平和をもたらす裁きをせよ」（ゼカリア 8：16），「正義を洪水のように，恵みの業を大河のように，尽きることなく流れさせよ」（アモス 5：24）などと．

他方，国の政治を担う者は，神ではないものを神にすることがあってはなりません．かつての大戦下，政府は天皇を現人神とし，良心の自由を無視して教育勅語による国定の価値観を強要し，国策批判を許さずに国民を戦争に引きずり込みました．神のものを神に返すことを無視しまたは否定したのです．聖書は，そのようなとき，国家を神に返すために神のほか何物も恐れずに自由に，国の姿勢を正すべく努めるようにと語っているのです．

ともあれ，国の政治や行政が，「神のものは神に」に徹して絶対的権威を主張することなく，神から与えられた役割の限界内に踏みとどまる限り，私たちはこの世の権力を認めて，「皇帝のものは皇帝に」との態度を取らねばなりません．

これらを受けて，聖書においては，したがって，教会の信仰告白においては，国家ないし政治機構は，教会の「神に仕える者」（ローマ 13：6）であり，それゆえに「神によって立てられたもの」（ローマ 13：1）であると位置づけられます．教会と並んで，国家もまた，神から出て，神の栄光のために存在するものなのです．このような神から委託された務めのための国家という理解はきわめて重要であります．聖書は，「主のために，すべて人間の立てた制度に従いなさい．それが，統治者としての皇帝であろうと，あるいは，悪を行う者を処罰し，善を行う者をほめる

ために，皇帝が派遣した総督であろうと，服従しなさい」（Ⅰペトロ 2：13-14）と教え諭します．そして改革長老教会は，「全世界の至上の主であり王である神は，御自身の栄光と公共善のため，御自身のもとにあって，国民の上に立つ，この世の為政者を定めておられ，そしてこの目的のため，善良な者は守り励まし，悪を行う者は処罰するように，この世の為政者に剣の権能を帯びさせておられる」（ウェストミンスター信仰告白 23・1，松谷好明訳「ウェストミンスター信仰告白」『〈三訂版〉ウェストミンスター信仰規準』一麦出版社，2021 年）と，信仰告白してきたのです．

　教会は，真理証言のためにこの世に立てられ（ヨハネ 18：37 参照），宣教の業に奉仕して神の栄光となるのに対して，国家は自由・平等と安全・福祉・平和という世俗的意味での正義と秩序を整えることによって，教会の業が外界の無秩序によって妨げられることなく伸展するようにするというしかたで，神に仕えるべき務めを神より負わされております．そのようにして，国家は「あなたに善を行わせるために，神に仕える者なのです」（ローマ 13：4）．そして，国家がこの務めに仕える限りで，国家は教会にとって「上に立つ権威」（ローマ 13：1）であります．ここに「権威」という語は世俗法上の意味での上位支配者という程度の意味であって，道徳的精神的価値を含むものではないと解されています．

　宣教の働きというのは，御言葉を聞いた人がそれを自由な良心において受け止めて，信仰告白に至るように導くことでありますから，外界の圧力により妨げられることなしに，信仰の決断がなされうるのでなければなりません．人々の「心にしるす」（エレミヤ 31：33）とされる新しい契約の宣教は，それ自体は内なる心の世界には介入しないと自制する国家秩序によって，外的世界が混沌に陥らないように，良心の自由が保たれることを求めます．これが聖書的意味での信教の自由であり，これを保つところに国家の役割があるのだと考えています．このようなわけですから，信教の自由について教会が憲法の保障を拠りどころとするとしても，それは，この世にある教会としての一つの手段選択であって，

憲法的保障を絶対的根拠とするものではあってはならないわけです．

　教会は，終末に至るまでの間，国家を前述のように理解して国家の存在を認めるのであって，そこに信仰の自由の基礎を置かなければならないのだ，と腹を据えていたいものです．

　ここで，かつて宗教法案が帝国議会に上程されたとき，それを正面から批判し反対した一牧師の論説の一部を以下に引用しておきます．この宗教法案の問題については，後で述べます．

　「何れの世にも迫害なるものは迷信と見做し弊害と認むるものあればこそ起こりしことなれ．……故に信教の自由の大義を明らかにし，教会自治の権利を主張し，毫も之を侵害せられざるよう細心の注意する」べし．「教会は民法上の関係に於いて，国家の管轄に服し，其の命令に従うべきこと勿論なれど，心霊上の事柄，礼拝，聖礼典，教職の任免，会議の召集開閉等に付きては，毫も国家の干渉を容るべきにあらず．……基督の教会，唯基督に対して責任を負うのみ」（植村正久「宗教法案に付きて」（「福音新報」236号および237号に連載）『植村正久著作集』第6巻，新教出版社，1967年，22頁より引用）．

　この宗教法案は1899（明治32）年12月に当時の貴族院に上程されたいわゆる第一次宗教法案で，この筆者がこれにつき上に挙げた文章に続けて次のように記していることは，今日でも貴重なものと思いますので，続けて引用しておきます．

　「この権利を主張するがため，国法に問われ，迫害を受け，甚だしきは刑戮せらるるに至りし例少なからず．スコットランド教会のごときその一例なり．国家の干渉あまり害ある点にまで達すまじきがゆえに，これを不問に措くべしと言うものあり．実利を起点としてかかることを論ずる者あるは嘆息すべきことなり．こは利害の多寡にあらず．実に主義

の問題なり．害薄く利を殺がるること少なしとて，主義の侵害せらるるを忍ぶべからず，余輩はカエサルの物をカエサルに帰し，神のものを神に帰すべしとの聖旨により，かくのごとき事柄につきては，キリストの意志のほか，教会の遵奉すべきものなしと信ず」（上掲書，23頁）．

　なお，ここで述べたことに関連して，ルターに始まる二王国論等につき，渡辺『増補改訂版教会論』287−318頁および芳賀力『神学の小経Ⅴ（成就への問い）』キリスト新聞社，2023年，295−319頁から学ぶところが大きかったことを感謝します．

3. 教会の自己規律と国家との関係

　神に対する国家の上述のような奉仕の務めが国家の存在意義であるとすれば，このような国家の権威と権力は，上記のように「すべて神によって立てられたもの」（ローマ13：1）と言わなければなりませんし，またそれは，国家の権威は神とはなりえないということでもあります．国家と国家法に対する教会の基本的態度は，この二点を正しく自覚するところから出発するものでなければなりません．教会が，特定の国家法を神に対する国家の奉仕として妥当なものであると判断するときには，この世の秩序に関しては，神に従う良心のために（ローマ13：5），進んでその国家法の支配に従うのであります．それは，単に消極的に国家の法の拘束に服するというだけに止まらず，国家をして神に対するその務めを果たさせるために，少なくとも内面的良心の領域に踏み込まないで世俗的秩序を整えさせるために，積極的に国家法を尊重するのであります．
　それに反して，国家の政策と法が国家を究極的権威とする方向に進むものであるときには，これに抵抗し，これを拒否して，人に聞き従うのではなく，「神に聞き従う」（使徒4：19，5：29）態度に徹するのでなけ

ればなりません．わが国の 20 世紀の宗教法史に即して言うならば，宗教団体法（1939［昭和 14］年）に対しては後者の態度を取るべきであったし，現行の宗教法人法に対してはおおむね前者の態度を取るということになりましょう．なお，宗教法人法については，後で若干述べます．

　上記のような国家に対する教会のありかたは，それ自体主なる神に対する教会の祭司的預言者的使命であり，責務でありますが，そのような使命や責務を果たし抜くためには，教会は神の主権のもとに立って，国家に対して主体性と自律性を確保していなければなりません．ここに，国家との関係において教会法を堅持することの重要な意義があります．

　もし教会が，その働きと秩序において国家法によって整えられ規律されなければ問題を解決できないというありさまならば，国家がさらに踏み込んで，信仰や良心あるいは伝道や牧会という教会の生命と使命に介入してくるときに，もはや抵抗する力を失ってしまうでしょう．教会は，その独自の法によって自己規律を果たしていくことによって，国家の役割に対する協力と監視を貫徹するための主体性を保持できるのであります．パウロがコリントの教会に，兄弟のことでこの世の裁判所に訴えることにつき言葉を尽くして反省を迫ったのは（Ⅰコリント 6：1−7），このような認識が根底にあったからであろうと思います．

　実に，このパウロ書簡の説くことには，今日，悔い改めをもって耳を傾けなければならないと考えています．昨今，教会や教区が教会法に基づいて決定したことにつき，教会も世俗の裁判から学ぶべきものがあると揚言して，世俗の裁判所に訴え出てその無効を主張するケースや，教会から教会法的手続きによって解任された牧師が世俗の裁判所に訴え出て，その無効を主張するケース，さらにキリスト者，特に教師同士の間での話し合いや意志疎通が不十分なことによる緊張状態での発言につき，愛の配慮をもって話し合うことをせずに，世俗の裁判所に慰謝料請求の訴えをするケースなどが見られるようになっているからです．

　このようにして，今日最も注意しなければならないのは，教会の自己

規律は，これまで述べてきた真に福音主義的に整えられた教会法による
のでなければならないということです．この世的な法の考え方をもって
教会の諸問題を処理しつつ，他方において，その外的秩序の問題である
暴力的無秩序を放置するとなれば，国家の前に，教会の主体性と権威は
失墜するのであります．教会が真の教会法を知り，これを身につけてい
くということは，国家法ないし国家教会法の役割と限界を明確に認識し
て，国家権力に正しく対処することを可能にするのだと言えましょう．

　ところで，国家に対してどのように対処するかの視野を広くもつこと
に関連して，教会と国家の関係について，エーリク・ヴォルフが、次の
ような五つのタイプがあると述べていることを記しておきます（E. Wolf,
Ordnung der Kirche, S.133－139）．第一に，一体の関係（Das Verhältnis der
Identität）．これには教会国家型（神政政治型）と国家教会型（皇帝教皇型）
があります．第二に，中立の関係（Neutralität），すなわち国家がその領
土内の諸教会を同等に扱う，いわゆる諸教派同等（Parität）のことで，
国家は歴史的には「寛容」，政治的には「無関心」の態度を取っている
ことです．第三は，排斥の関係（Exklusivität）で，これには国家が教会
を弾圧する場合（たとえば 1945 年までの日本における国家イデオロギーの
神話化）と，教会が国家を拒否する場合（イギリスのピューリタン革命）
とがあります．第四は，相互有用の関係（Utilität）で，国家は教会に特
権を与え，教会は国家にイデオロギー的支柱を提供する関係のことであ
ります．第五にヴォルフは弁証法的関係（Dialektik）ということを挙げ
ています．それは自律しつつ相互に補完する関係と言い換えてもよいで
しょうか．国家は，教会によって執り成し（Fürbitte）と承認または正当
化（Legitimation）をうけ，限定（Begrenzung）をうけなければなりません．
このゆえに，教会は，国家のために見張りの役目を務めなければなりま
せん．他方，教会は，説教と伝道を自由におこなうことのできる国家的
保障を必要とします．国家は教会のために世俗的秩序保持の役目を負う
のです．国家が国家の務めから逸脱して国家でなくなることのないよう

に，他方，教会が教会でないものになってしまうことのないように，それぞれがその務めを果たすことにより，相手方につき見張っており，補完している関係というわけです．なお，エーリク・ヴォルフのこの五つのタイプの見解については，渡辺信夫『〈増補改訂版〉カルヴァンの教会論』（305 頁）においても紹介されていますが，私なりの理解を加えて記しました．

　上記において私が述べたことは，エーリク・ヴォルフの見解によれば，その第五の関係に該当すると言えましょう．

4.　わが国の国家教会法（宗教法）をどう受け止めるべきか

　前述のように，わが国では信教の自由とその系としての宗教団体自律権が確立されていますので，その上に宗教法が展開されるわけですが，その基本的法律は宗教法人法であります．このほかには，刑法や「墓地，埋葬等に関する法律」の中にも宗教法の一部が存在します．

　この宗教法人法の分析や解釈は教会にとっても重要な実践的課題でありますが，それは福音主義教会法論を論じる本論の枠外になりますので，教会法とのかかわりを中心に若干述べることにいたします．特に，宗教法人法は，宗教法人を設立する場合には法定の事項につき宗教法人規則を作成し，所轄庁の認証を受けなければならないと定めていますので（宗教法人法第 12 条），この宗教法人規則と教会法としての教会規則との違いを明確に認識していなければならないからです．

　今日，個々の教会のうちには，宗教法人規則は有するが成文の教会規則はもっていない．あるいは教会規則は宗教法人規則に包含されていたり，その細則として規定されているに止まる教会が今なお存在するかと思われますが，これは，国家教会法に対する教会の自律性の確保という点からみて，問題であります．さらに，教会法の自覚的認識が曖昧なま

まに，宗教法人規則の制定や改正の際に管轄官庁の教会法への配慮のない指導的助言に曳かれて，教会法固有の事項につき歪んだ規定を宗教法人規則に定め，そのまま運用することも起こりえます．しかし，宗教法人法による宗教法人規則の条規は，いかに好都合にみえても，教会的権能の行使に関わる教会法のごとく運用してはなりません．そこでまず，現行宗教法人法の役割や性格の最低限の認識に資するものを若干述べることにします．

　まず宗教法人法の目的については，「この法律は，宗教団体が，礼拝の施設その他の財産を所有し，これを維持運用し，その他その目的達成のための業務及び事業を運営することに資するため，宗教団体に法律上の能力を与えることを目的とする」（同法第1条）と定められています．法律上の能力とは，民法学で権利能力と言われるもので，宗教団体がその財産を管理したり，契約をしたりする場合に，その団体自体が法人格を有するとして，宗教団体の名をもって管理や契約ができるようにするための民事法上の制度のことです．一言で言えば，この法律によって宗教団体はいわゆる法人になれるとするもので，すなわち宗教法人です．もっとも，この法人になるかどうかは宗教団体の任意であって，宗教法人にならなくても，法人格の点を除けば，宗教活動自体はまったく自由です．

　なお，同法第2条は，宗教団体を「宗教の教義をひろめ，儀式行事を行い，及び信者を教化育成することを主たる目的とする団体」と定義し，それを二種に分類します．第一は「礼拝の施設を備える神社，寺院，教会，修道院」などいわゆる単位宗教団体で，第二は第一の諸団体を「包括する教派，宗派，教団，教会」等の団体，いわゆる包括団体です．しかし，宗教法人法の基本的規定は，特にことわりのない限り両者に適用されるしかたで規定されています．

　まず，これらの宗教団体が宗教法人になるためには，同法第12条に定められた事項（目的，名称，所在地，代表役員・責任役員等役員に関す

る事項，基本財産その他の財産の設定・管理や予算・決算その他の財産に関
する事項，公告の方法，およびその他の事項）を記載した規則（いわゆる
宗教法人規則）を作成して所轄庁の認証を受けなければなりません．その
認証後，主たる事務所の所在地において設立の登記をすることによっ
て成立します（第15条）．そして，その規則に定めた目的の範囲内にお
いて，上記の権利能力を有することになります．

　ところで，所轄庁による規則の認証とは，その団体が宗教団体である
ことと，規則や手続きが法令に適合していることの確認であります．宗
教団体の教義や聖職者や宗教活動等その内実そのものについての認証で
はありません．そして，上記の規則や手続きが法律所定の要件を具備し
ておれば，必ず認証しなければならないとなっています（第14条）．所
轄庁の恣意が入るのを防ぐためです．

　実は，宗教法人法は，前記第1条（目的条項）の第2項に信教の自由
の尊重を掲げ，「従って，この法律のいかなる規定も，個人，集団又は
団体が，その保障された自由に基いて，教義をひろめ，儀式行事を行い，
その他宗教上の行為を行うことを制限するものと解釈してはならない」
と宣言しています．そしてさらに，国や公共団体の行政等においては，「宗
教法人の宗教上の特性及び慣習を尊重し，信教の自由を妨げることがな
いように特に留意しなければならない」（第84条）と定め，またこの法
律のいかなる規定も，文部科学大臣，都道府県知事及び裁判所に，宗教
団体の信仰，規律，慣習等「宗教上の事項」につき干渉する権限を与え
るものと解釈してはならない（第85条）とも規定しています．その他，
全体としてきめ細かに宗教団体としての生命またはその内部規律を侵さ
ないようにとの配慮をする規定をおいています．もちろん，「宗教団体
が公共の福祉に反した行為をした場合」には，それに相当する他の法律
の規定の適用を受けることになりますし（第86条），法律違反の宗教法
人に対する解散命令（第81条）等に関する諸規定等が置かれていること
は言うまでもありません．

　しかも、いわゆるオウム真理教の地下鉄サリン事件その他の犯罪行為に接して、1995 年に宗教法人法の一部改正がおこなわれ、宗教法人は一定の備え付け書類を所轄庁に提出することを義務づけられ（第 25 条）、所轄庁には宗教法人に対する一定の質問権つまり調査権が与えられる（第 78 条の 2）など、所轄庁の管理が強化されていますが、同法の認証主義との整合性、さらに政教分離の原則に照らして、その適用は慎重であるべきでしょう。

　次に、宗教法人法第 18 条および第 19 条は、宗教法人としての事務を処理する機関として三人以上の責任役員をおくべきこと、その一人が代表役員となること、その事務処理については全員平等の議決権を有し、その多数決により決すべきことを定めています。ただ、これら役員の宗教法人事務に関する権限は、その宗教団体の宗教上の事項には及ばないと規定されています（第 18 条第 6 項）。この法律の目的上当然とは言え、確認しておくべきことです。

　さて、本論としての大事な問題は教会法との関係についてですが、実際的に考察するために日本基督教団およびその所属教会の教会規則との関係について述べることにします。

　日本基督教団の場合、教団所属の各個教会はその単位宗教団体であり、教団はそれらを包括する宗教団体となります。教団は包括法人として宗教法人規則を定め、教団所属の各個教会は教団の承認を受けて宗教法人規則を定めています。この包括関係については、教規第 85 条の 2 に「教会が宗教法人法による宗教法人になろうとするときは、宗教法人『日本基督教団』をその包括団体としなければならない」と定められていて、教会法の上でも基礎づける形になっています。言うまでもなく、各個教会の宗教法人規則は、教規第 85 条以下に規定される教会法としての「教会規則」には含まれません。

　次に「モデル各個教会規則」（本書第五部にて後掲）第 48 条を掲げて、宗教法人規則との関係等につき述べることにします。第 48 条は次のと

おりです.

「(1) この教会は，基本財産およびその他の財産の管理等のため，宗
　　教法人を設立する.

(2) 宗教法人に関する規則は，別に定める. ただし，その代表役員お
　　よび責任役員は，この教会規則および長老会（小会）の議決に従っ
　　て，その職務をおこなわなければならない.

(3) 前項の責任役員は，教会総会において長老の中から選出する」.

　各個教会が宗教法人になるということは，教会の務めを阻害しない限
りで，財務処理の便宜のために当該教会が選択することです（第48条(1)）.
そこで，教会法としての各個教会規則と国家法のもとにある宗教法人規
則との分別をこの第48条のように明確にします. しかも，各個教会規
則が法人規則の基礎になっています（同(2)）.

　関連して，教団の宗教法人規則準則（宗教法人「日本基督教団〇〇教会」
規則［準則］）に教会法としての教会規則をもり込み，合体させることを
するとしたら，根本的な誤りと言わなければなりません. むしろ大切な
ことは，上記の分別には，宗教法人法の改正により教会法が自動的に変
更され，また，教会法が国家法によって制約されるという結果になるこ
とを防止しようとの配慮があることです. したがって，宗教法人規則の
細則として教会規則を作ることも不可です.

　教会規則と宗教法人規則との関係については，かつて教団の信仰職制
委員会が一つの見解を出しています.「教規と宗教法人〇〇教会規則と
の関係については，どちらが優先すべきかという発想は妥当ではない.
教団や教会においては，本来日本基督教団教憲教規及び諸規則や各個教
会規則を適用すべきであることはいうまでもない. ただし，宗教法人法
に規定されている事項については，宗教法人規則によらざるをえない場
合がある」(1970年6月29日, 答申集64)と. しかし，これはやや曖昧です.
宗教法人規則に対して教会規則が基礎的存在であることを徹底しなけれ
ばなりません. すなわち，教会においては，すべての問題につき常にま

ず信仰告白と教会法によって判断をすべきであること，またそれは長老
会（役員会，小会）または事柄によっては教会総会がその判断をなすべ
きこと，そして，その許すかぎりにおいて，宗教法人法の規定事項につ
き宗教法人規則によるものであること，したがって，宗教法人法所定の
事項についても，長老会（小会）（または教会総会）が審議判断し，その
結論に従って責任役員会がその職務をおこなうことになると認識すべき
です．端的に言えば，責任役員の地位と権限は，教会規則のもとにあっ
て，長老会（教会役員会，小会）の意思に服するとしておくべきなのです．
そのようにしてはじめて，教会の主体性・自律性が保持できるのであり，
将来，宗教法人法その他の国家宗教法が教会の信仰と職制を侵すように
傾いたとき，主に従い続ける姿勢を保ち続けることができるでしょう．

5.　あらためて日本の宗教法制の歩みから考える

　制定法主義の国にあっては法文の表現と構成は決定的に重要ですが
―― その意味で宗教法人法の分析把握は重要です ――，他面，およそ
法制度の生命と特質は歴史的に規定され形成される側面が大きく，この
ことの認識は，その将来を見つめる目を確かにします．とりわけ宗教法
の場合はそうであります．歴史の証明するところです．しかも，これは
わが国に限らないことですが，国家権力ないし政治家は，宗教特に宗教
的良心を押さえ込もうとし，また，時には目前の政策推進のために宗教
を利用しようとしがちです．主キリストの教会がこの日本において今後
とも福音伝道と教会形成の使命を忠実に果たし続けるために，日本とい
う国家の宗教への実際的な対応，特にその宗教法制の歴史にみられる国
家的体質をみておくことは，現行宗教法人法の要領の認識以上に大切な
ことと考えます．しばらくその側面につき記すことにします．それは，
明治以降のわが国の宗教団体統制の歴史を点検することから始めること

になります.

　なお,以下述べることの一部は,私が前に執筆した『金沢教会百年史』
166−216頁および『金沢教会百十年史』59頁以下および132頁以下(両
著とも日本基督教団金沢教会長老会発行)において分析叙述したことと若
干重複することをご了解くださり,またそれらをご参照ください.

　明治維新以降ポツダム宣言受諾に至るまでの日本の宗教法制は,いわ
ゆる国家神道体制でありました.

　1867(慶応3)年に王政復古がありますが,早くもその翌年には神祇
官が設置されて,天皇家の氏神である伊勢神宮を頂点とする神社神道の
国教化を図り,天皇制国家体制のイデオロギーを強化する動きが始まり
ます.それとの関連において,明治元年に切支丹宗門禁制の高札を出し,
いわゆる「浦上四番崩れ」等をひき起こしますが,しかし,このような
信教の自由の抑圧に対する欧米諸国の厳しい反対にあって,高札を撤去
しました.また政府は,大日本帝国憲法に信教の自由に関する規定を設
けるなどして,徐々に信教の自由の導入を進めざるをえなかったのです
が,しかし,国家神道の確立と宗教に対する国家統制という基本的姿勢
は変わらず,むしろいっそう強化されて,神社神道は日本固有の神々の
祭祀であり,国家の祭祀であって,非宗教であるとするにいたります.
いわゆる神社非宗教論によるごり押しの神社国教化であります.他方,
宗派神道と仏教とキリスト教とは公認宗教とされ,一定の自律権は与え
られますが,国家権力の直接間接の統制下に置かれました.また,その
他の宗教は「雑教」「類似宗教」とされ,公的には宗教とはされていま
せんでした.これら各宗教の統制にあたる主務官庁は,神社および雑教
については内務省,宗派神道,仏教およびキリスト教の三教については,
はじめ内務省でしたが,1913年以降は文部省になりました.

　これらのうち今日でも注目すべきことは,1889(明治22)年に発布さ
れた大日本帝国憲法の信教の自由に関する第28条であります.それは,
「日本臣民ハ安寧秩序ヲ妨ケズ及臣民タルノ義務ニ背カザル限(リ)ニ

於テ信教ノ自由ヲ有ス」と定めていました（括弧および濁点は筆者）．「臣民タルノ義務」とは，国家元首である天皇への忠誠の義務であり，したがって，天皇の名においてなされた詔勅・法令等に対する忠順の義務であり，天皇を国家神道の祭主としてその地位に宗教性を帯びさせる工作が進むとともに，「臣民タルノ義務」は，さらに皇室の宗廟である伊勢神宮およびそれにつながる神社への崇敬の義務にもなりえるものでありました．事実，神格天皇制絶対主義政治体制の護持・補強のために，この時期，橿原神宮（祭神は初代・神武天皇）を創建し（1890年），小学校祝日大祭日儀式規程を制定して（1891年），天皇「御真影」に最敬礼をし，教育勅語を奉読すべき旨を指令するなどをしています．

　このように明治憲法の定める信教の自由には，憲法自らが限定を設けていたのであり，信教の自由は外見的なものにすぎず，それは基本的人権としての信教の自由ではありませんでした．しかも，第28条以外の臣民の権利については，「法律ニ定メタル場合ヲ除ク外」その権利を奪われることはないといういわゆる法律の留保がついていましたが，条文上明らかなように，第28条の信教の自由にはそれもありません．つまり，法律によらなくとも行政権で統制できるようになっていたのです．まことに無力な信教の自由でありました．

　このような憲法のもとで，宗教団体に関する実定法はどうなっていたのでしょうか．法人に関する民法の規定は「祭祀，宗教，……其他公益ニ関スル社団又ハ財団ニシテ営利ヲ目的トセザルモノハ主務官庁ノ許可ヲ得テ之ヲ法人ト為スコトヲ得」（民法第1編第34条）となっていました．これは民法第1編制定時（1896［明治29］年）にはそのまま宗教団体にも適用されるものとして制定され，宗教団体は公益法人になれるものと考えられていましたが，民法後半の第4編，第5編の制定とともに民法全体の施行が近づいてくると，宗教団体の公益法人化は宗教政策として賢明かにつき，為政者の側に疑念が生じ，1898（明治31）年に制定された民法施行法は，「民法中法人ニ関スル規定ハ当分ノ内神社，寺院，祠

宇及ビ仏堂ニハ之ヲ適用セズ」（第 28 条，現在は削除）と規定しました．
これは，教派，宗派およびキリスト教などの教会についてはふれていま
せんが，国の宗教行政上の取り扱いでは，寺院，仏堂などと均衡を失す
るという理由で，キリスト教会に対しても，法人格取得を認めない方針
が取られました．これは，日清戦争の勝利と条約改正などにより国際的
地位が確立し，ロシアとの帝国主義的抗争に備えて国論統一を進めるた
めに，宗教に対して権力的統制の体制を構築しようとの考えが強くなっ
ていたからであります．しかし，そのような絶対主義的国権優位の宗教
統制の動きには，宗教界の反対が強く，紆余曲折します．そして，上述
の法律の留保がなかったことは，政府側に好都合でありました．

　まず 1899（明治 32）年 7 月，内務省令第 41 号が発せられます．これ
はキリスト教だけに向けて出されたもので，後の宗教団体法に至るまで
の唯一の法令であり，「省令」となっていますが，特に閣議を経たもので，
そこには当時の政府のキリスト教に対する政策を明瞭に物語るものがあ
りました．この省令は，条約改正により外国人の内地雑居が許され，キ
リスト教の伝道が活発になるのを予測して出されたもので，神格天皇絶
対主義政治体制とはまったく異質の宗教に対する行政取り締まりを可能
にするためでありました．その内容は（その全文は山本秀煌『日本基督教
会史』改革社，1973 年，282 頁以下にある），布教者を届け出ること（布教
の方法，履歴書の添付），会堂を設立する者は地方長官の許可を受けるこ
と，布教者や会堂の変更のときは許可を受けることなどでした．これに
より内務省はキリスト教会の実態を常に把握して，監視し統制すること
が可能になったのでした．

　次に，同年 12 月，貴族院に宗教法案（全 53 条）が上程されました．
それは，宗教の儀式や布教等が安寧秩序を妨げ臣民たるの義務に背くと
認めるときは，主務官庁は宗教行為を禁止できるし，また教師を辞めさ
せることができるとし，教師が政治的意見を発表し政治活動をした場合
は，刑罰を科するとしていて，宗教に干渉しようとする国家の態度を露

骨に顕したものであり，宗教に対して国家が介入・干渉してはならない一線を明らかに越えた内容をもつものでした．この法案に対してはキリスト教と対等に扱われることに反発した仏教側の強い反対があり，否決されました．その次の宗教法制定の動きは1926（大正15）年6月に起こりました．このときはキリスト教界の反対が強く，廃案にもちこんでいます．これは宗派神道，仏教およびキリスト教を対等に扱って統制し，思想善導に利用しようとしたものでした．次いで1929（昭和4）年2月宗教団体法案を貴族院に上程しますが，3月に審議未了で廃案になっています．

しかし，ついに1939（昭和14）年3月，宗教団体法が成立します．1937年に日中戦争が勃発し，翌年国家総動員法が公布され，思想・言論の自由が奪われ，「翼賛議会」となってしまっていた帝国議会はなんら反対することなく，この宗教団体法は成立しました．それに対して，キリスト教界には，神道・仏教と同列になり，肩身が広くなった，今後は「神社は宗教にあらず」を楯にして進むべしといった反応も多いというありさまでした（たとえば「基督教年鑑」1940［昭和15］年版，20頁）．

しかし，時の平沼首相は衆議院で，「我が国においては，惟神の道は絶対の道であって，国民すべてこれを遵奉せねばならぬものである．これと違うところの，これと抵触するところの教えの存在は許されない．我が国においては，これを宗教とせず，却って宗教のうえに超越するところの我が国固有の教えと致しているのである」と答弁していたのです．

確かに，宗教団体法の成立により教会は法人となることができ，それまでの財産管理上の諸種の不都合はなくなり，地租その他の税の免除などを受けましたが，それと引き換えに，キリスト教会は文部省の監督統制のもとに押さえ込まれるに至ったのです．

それが明らかになるのは，その翌年以降でした．わが国のプロテスタント教会30余教派が ―― それはローマ・カトリックを除き，聖公会はもとより救世軍も ――，一つの日本基督教団に統合（当時はキリスト教

側では教会合同とよんだが）させられたのです．確かに，当時，プロテ
スタント諸教派の間では一部に合同を求める動きはありましたが，この
宗教団体法に基づき，政府の権力的指導が大きく働いたことは否定でき
ません．宗教団体法によってすべての宗教団体は，プロテスタント諸教
会の常識ともいえる会議制を否定され，中央集権的「統理制」という組
織を取らねばならなくなりました．しかも，この法律により教団として
認可されるためには，教会数 50，信徒数 5,000 人以上が必要であること
になりました．これに満たない小さな教派は認可されず,それ以外にも,
宗教団体であるとの文部省の認可がなければ，治安維持法の対象として
警察や憲兵の監視下に置かれることになるのです．それはまさに，軍国
主義絶対的政治体制の確立へと突き進むもので，ナチス・ドイツの宗教
政策に倣った手法でもありました．

　さて，宗教団体法により教会の信仰と宗教活動の自由を抑制し，その
自律権を否定して教会を政府の統制下におく方法は，第一に，教会設立
のためには，教会規則を定めて行政庁（教団等包括団体の場合は文部大臣,
各個教会など被包括法人の場合は知事）の認可を受けなければならないと
し，その規則には「教義ノ宣布及儀式ノ執行ニ関スル事項」（教団の場
合はさらに「教義ノ大要」も）を定めなければならないとし，それを行政
庁が評価して認可するとしていたことです（宗教団体法第 3 条，第 6 条）．
規則の変更，法人化，合併および解散の場合も，上記行政庁の認可を要
するとしていました（同第 3 条，第 5 条，第 6 条）．そのうえ，教義の宣
布や儀式の執行が安寧秩序を妨げ，臣民たるの義務に背くときは，文部
大臣はこれを制限・禁止し，教師の業務を停止し，または宗教団体の設
立認可を取り消すことができるとしていました（同第 16 条）．国（行政
庁）の定めた価値観（憲法と教育勅語に集約）に服するように統制される
に至ったのです．

　第二に，国は，教会自律権に対しても，これを真っ向から否定して介
入してきました．教会規則の中に，一人の主管者（教団では統理，教会

では牧師）と総代をおくことを必須としたことであります（同第4条）. これは教会が会議制によることの否定であり，とりわけ長老教会にとっては教会制度の固有の中核である長老会（小会）の否定でありました. しかも，これは，この一人の主管者を上から抑えれば教会をコントロールできるという仕組みでした. 監督政治であればともかく，会衆主義教会および長老教会にとっては，教会の基本を侵害される質の重大事でした. 特に，福音の純正保持の責務と教会政治の権能とを統一的に長老会議体に託している長老教会は，教会自律権の主張が強いだけに，宗教団体法はこれに正面からぶつかるものをもっていたのです. その後の5年間は苦汁の歩みでした. その詳細とともに，その合同と教団の戦中の歩みをいかに評価するか. 特に，世俗権力に対する見張り人としての教会の使命の前に忠実であったか. 主の前に悔い改めつつ考えなければならない課題でしょう.

　そして，1945（昭和20）年8月，日本は連合国のポツダム宣言を受諾して敗戦となり，そこにいわゆる八月革命が起こります. 特に，その第10項「言論，宗教及び思想の自由並びに基本的人権の尊重は確立せらるべし」により，上記のような宗教の国家統制はその存続を認められなくなったことは大きなことでした. 連合国軍政の神道指令による国家神道の廃止，そして1946年1月，天皇の人間宣言（「新日本建設に関する詔書」）による天皇現人神の否定へと進みました. そのような中で，宗教法人令が施行され，そして現在の宗教法人法の制定へと進んだのです.

　わが国においては，諸種の宗教が混在していますが，同時に，家（イエ）や村（ムラ）などの運命共同体的単位の宗教というのが，まだまだ宗教の一般的理解であります. たとえば「あなたの信仰は何ですか」と問われると，「無信仰または無宗教」と答えながら，「あなたの家の宗教は何ですか」と聞かれると，違和感なく「〇〇教（宗）」と答える人が多いのも，このためでしょう. しかも実は，この回答の傾向はいわゆる知識人に多くみられるようです. また，この宗教の混在の状況から，安易に「わが

国は宗教的寛容の国だ」などと言う人が多いのですが，そうではなく，むしろ，その実態の多くはイエ（家）本位の寺院仏教とムラ（村）単位の神社神道の混交と言うべきでしょう．そのような中で，個人の宗教的良心の自由は無視または軽視されている姿が，「宗教的寛容」の実情というのは，過言でしょうか．

大日本帝国憲法（第3条，第28条）以来国権至上主義のもとにおこなわれた国民の人権の抑圧は，このような個人の信仰的良心の自由の無視ないし軽視の宗教的風土と融合して，今日でもしばしば起こりうると考えなければなりません．しかも，上述のように，帝国憲法のもとでは，神社神道が，神格天皇制の家族国家思想と民衆の土俗的宗教習俗とを結びつけて，信仰的良心の自由を日本社会に異質なものとして排除するイデオロギーとしての機能を果たしていました．わが国の宗教的雑居性と宗教的良心に対する無関心ないし無理解は，このような中で絶えず醸成され，それは，公権力による信教の自由の軽視・制限を惹き起こす危険を伴いつつ，今日に及んでいます．その意味で，靖国神社国家護持法制定問題，靖国神社公式参拝問題，地鎮祭違憲問題，自衛隊員護国神社合祀問題等をめぐり，かなりの論争があったことを，しかも同様の問題は今日でも起こりえることを忘れてはなりません．

また，上記のような社会的精神的状況があるだけに，しばしば政治的勢力と結びつく宗教団体の成長があり，さらに特に戦後には，政党が党派的主張のために，またその勢力拡大のために宗教を利用するという動きがくり返しみられることも考えさせられます．政治家と宗教団体ないしカルトとの結びつきです．

改めて，国家教会法（宗教法）の現行制定法規につき確かな認識をもつとともに，その背後にある歴史的特質にも目を配りつつ主の教会の堅実な教会形成に励むこと，特に信仰告白と教会法の適正な認識を共有して福音の真理を語り続けることの重大な責務と使命を考えさせられています．

　かつて日本基督一致教会の第6回大会すなわち日本基督教会第1回大会は，大日本帝国憲法が制定公布され，さらに教育勅語が発布されたその年（1890年），内村鑑三の教育勅語不敬事件としてキリスト教が叩かれたその前年の12月に開催され，あの「日本基督教会信仰の告白」を全会一致で承認し告白したのでした．その時代背景とこの大会における教会としての諸議決の内容およびそれに対する率直な評価については，私は別にかなり立ち入って書きましたので（前記『金沢教会百十年史』59－69頁），ここでは一つの結びとして，次の所感を記すに止めます．この時の告白の議決は国の姿勢の問題性を必ずしも明確に自覚してなされたものではないようですが，国が創造主なる神を無視し，主キリストの教会を無視して実質的に信教の自由を否定する体制を打ち出したあの時，主なる御神は，教会に主キリストの恩寵と召命を示して「1890年信仰の告白」をなさしめたのだということ，そして，このことは教会が常に己を省みつつ深く味わうべき歴史の主の貴い教えである，と．

　いつの世も教会を励まし続ける主の最後の説教の結びをもって，この項を閉じることにします．「あなたがたには世で苦難がある．しかし，勇気を出しなさい．わたしは既に世に勝っている」（ヨハネ16：33）．

第五部　「モデル各個教会規則」とその解説

はじめに

　福音主義教会法の本論（本書第一部～第四部）において，特に筆者の属する日本基督教団の法を念頭においてそれに所属する各個教会の教会規則について若干のことを述べましたが，第五部では，一つの試案として教会規則案（「モデル各個教会規則」）を提示し，それにつき略述することにいたします．

　このようなモデルを試案として考えたのは，まず，教団にあって改革長老教会の伝統に可能な限り適合し，その伝統を生かす教会規則を保有できるようにするためであり，次に，そのような志向を有する教会がほぼ同じような教会規則をもつことが，協力して地域教会長老会（中会）の実質を形成していくのに必須であると考えたためです．もちろん，他の伝統の各個教会にとってもきっと役立つことと思いますし，他の教派教会における各個教会の運営に参考になることも期待しています．

　そこで，この「モデル各個教会規則」を考えるにあたって配慮したことは次のとおりであり，それはまた今後とも配慮していくべきことであろうと考えています．

　①改革長老教会の伝統的教会制度観を踏まえ，その現代的適用にふさわしい工夫を加えて，改革長老教会としての各個教会規則を生命あるものにするよう努力すること．

　②教団の教憲・教規と齟齬しないように配慮すること．ただし，教憲・教規の文言と若干齟齬するとも，教憲・教規を全体としてみてその基本的法理に反するものでない限り，改革長老教会の教会法ないしその伝統を優先させるようにして作成すること．殊に，教規には，再検討を要す

ると考えられる規定や表現のものがあり，その場合は特にそうである．

　③任意参加の団体における常識的ないわゆる民主的運営に流れることなく，教会としてのあるべき規則を一つひとつ検討追求するのに役立つことをめざすこと．

　④国家教会法のもとにある宗教法人規則よりも教会法としての教会規則が優位にあることを貫けるように配慮すること．

　以上です．

「モデル各個教会規則」

（本文中の＊印は教会の歴史と実情を
考慮して適宜変更しうることを示す）

第1章　総則

第1条（名称）　この教会は，日本基督教団〇〇教会と称する．

第2条（所在地）　この教会は，〇〇〇を所在地とする．

第3条（信仰告白）　この教会は，旧約39巻および新約27巻より成る聖書を正典とし，使徒信条およびニカイア信条等の基本信条に言い表されたキリスト教の公同の信仰を基礎とし，福音主義改革教会の信仰によって立ち，1890年に制定された旧日本基督教会の「信仰の告白」を受け継いで日本基督教団信仰告白を告白し，日本基督教団（以下「教団」という）に所属する．

第4条（基本的職制）　(1)この教会は，その福音信仰の純正を保持し，教会の頭なるキリストより託された務めを果たすための基本的職制として，長老教会の伝統を受け継ぎ，長老会（小会）を置く．

(2)長老会（小会）は，召命を受け教会の正規の手続きにより立てられて説教をし，聖礼典を司る牧師と，教会総会においてこの教会の信徒のうちから選ばれ，按手を受けて牧師を補佐し，牧師と共に礼拝，伝道および牧会に仕えて教会を治める長老とによって構成される．牧師および長老とその他の信徒とは，委託された任務の相違があるのみで，神の前

にあってはまったく平等である.

(3) 教会総会はこの教会の最高議決機関であり, その第一の務めは長老を選挙することである.

(4) この教会の会議は, 祈禱をもって開閉される.

第5条 (教会の務め) (1) この教会は, 主の日ごとに礼拝を守り, 時を定めて聖礼典を執行し, 忠実に福音を宣べ伝え, キリストにある交わりを厚くし, 信仰を鍛練する.

(2) 礼拝は, 聖書朗読, 説教, 聖礼典, 祈禱, 讃美, 奉献および祝禱等から成り, 礼拝の指針および式次第等は, 長老会 (小会) がこれを定める.

(3) 聖礼典は洗礼および聖餐であって, 長老会 (小会) の決定に基づき, 主日礼拝またはその他の時に牧師の司式によりこれを執行する.

第2章 信徒

第6条 (会員たる信徒) この教会の会員たる信徒は, 洗礼を受けてこの教会に入れられた者および他教会から転入を承認された者を言う.

第7条 (洗礼) (1) 洗礼を受けることを志願する者は, 長老会 (小会) のおこなう信仰の試問を受け, 長老会 (小会) の承認を受けなければならない.

(2) 前項の試問および承認は, 本人の受洗の決断を確かめ, この教会の信仰告白に基づいておこなう.

(3) 洗礼を受ける者は, 洗礼式において, この教会の信仰告白を告白し, この教会の定めに従って, 主日礼拝と聖餐式を守り, 教会員としての責務を負うことを誓約しなければならない.

第8条（幼児洗礼）（1）この教会の信徒（担任教師を含む）を親とする幼児については，親の申し出により長老会（小会）が承認したうえで，親の信仰に基づいて洗礼をおこなう．

（2）前項により洗礼を授けられた者が，親の誓約を確認し，自ら信仰を告白するに至ったとき，信仰告白式をおこなう．

（3）信仰告白式をおこなう場合の手続きおよび誓約は，洗礼の場合に準ずる．

第9条（転入・転出）（1）他の教会に所属する信徒で，この教会への転入を志願する者は，所属教会の薦書を長老会（小会）に提出するものとする．長老会（小会）が試問のうえこれを承認したとき，この教会の会員となる．

（2）教団以外の教会に所属する信徒がこの教会への転入を志願する場合は，教団の信仰告白を受け入れることを誓約しなければならない．

（3）転入会を承認したときは，礼拝において転入会式をおこなう．転入会式における誓約については，第7条第3項を準用する．

（4）この教会の信徒で，他の教会への転出を志願する者は，長老会（小会）に申し出るものとする．長老会（小会）がこれを承認したときは，その教会へ薦書を送る．

（5）転出先の教会から受入通知書を受けた後に，除籍する．

第10条（陪餐）（1）この教会の信徒は，戒規による場合を除いて，この教会の執行する聖餐に与ることができる．この場合，この教会に属さない信徒であっても，同じである．

（2）幼児洗礼を受けた者は，信仰告白式をおえたのちに聖餐に与るものとする．

第 11 条（現住陪餐会員）（1）この教会の主日礼拝および聖餐式に出席し，洗礼式，信仰告白式または転入会式における誓約に基づいて献金その他教会員としての責務を負う信徒を現住陪餐会員とする．

（2）1 年の間，理由なく主日礼拝および聖餐式に 1 回も出席しなかった者は，長老会（小会）の議により現住陪餐会員名簿より削除することができる．

第 3 章　教会総会

第 12 条（組織）（1）教会総会は，牧師および伝道師並びに現住陪餐会員である信徒をもって組織する．

（2）第 11 条第 2 項の現住陪餐会員名簿は，教会総会直前の長老会（小会）において確定する．

第 13 条（定期総会，臨時総会）（1）教会総会は，毎年度 2 回，原則として 4 月と 3 月に招集する．

（2）長老会（小会）が必要と認めたとき，主任牧師の要請があったとき，または現住陪餐会員の 5 分の 1 以上の請求があったときは，臨時総会を招集しなければならない．

第 14 条（招集）（1）教会総会の招集は，3 回続く主日礼拝における公告をもってこれをする．

（2）臨時総会の公告には議題を明記しなければならない．この場合，公告において示した事項以外は，議決することができない．

第 15 条（定足数）（1）教会総会は，総会議員総数の 4 分の 1 （＊）以上の出席がなければ，会議を開き，または議決することができない．た

だし，第 17 条第 12 号の議案を議する場合には，総会議員総数の 3 分の
2 以上の出席を必要とする.

(2) 前項の場合，委任状は出席数に算入しない.

第 16 条（議長および書記）(1) 教会総会に議長および書記，おのおの
1 名をおく.

(2) 議長には，主任牧師またはその代務者をあてる. ただし，主任牧師
またはその代務者に事故あるときは，牧師または長老の中から選挙する.

(3) 前項の規定にかかわらず，主任牧師の解任を議する場合には，長
老会（小会）の依頼により，教団〇〇教区（以下「教区」と略する）の総
会議長またはその指名する教師を議長とする.

(4) 書記には，長老会（小会）の書記をあてる.

(5) 教会総会は，議員の互選により，選挙管理委員，会計監査委員そ
の他の特別委員をおく.

第 17 条（総会の権限）(1) 教会総会の処理すべき事項は，次のとおり
である.

1. 牧師および伝道師の招聘，辞任および解任等の承認または決定

2. 長老の選挙

3. 前年度の教勢報告その他の教会活動報告および会計報告の承認

4. 新年度の伝道方針その他教会の基本的活動計画および予算の定立

5. 執事の選挙

6. 教会学校長の選挙

7. 教区総会議員の選挙

8. 教会財産の管理，処分およびその他の財務

9. 教会の付帯事業の管理および運営に関する事項

10. 宗教法人法上の責任役員および監事の選挙

11. 教会規則の変更

12. 教団からの離脱および教会の解散並びに合併

13. その他教会における重要な事項

(2) 前項のうち第4号は原則として3月の総会において，同第3号は原則として4月の総会において処理するものとする．

(3) 第1項第12号に関する議案は，教会総会の少なくとも6か月前に公示しなければならない．

第18条（議案提出権者）(1) 教会総会において議案を提出することができる者は，次のとおりである．

1. 長老会（小会）

2. 主任牧師

3. 現住陪餐会員　ただし，15名（＊）以上の連署を要する．

(2) 議案提出者は，この教会の信仰告白と伝統に従い，この教会規則に則って議案を準備し，経費を要する議案にはこれに必要な収支予算案を添えなければならない．

第19条（表決）(1) 議事は出席議員の過半数をもって議決し，可否同数のときは議長の決するところによる．ただし，牧師の招聘，辞任，解任および教会規則の変更は出席議員の3分の2以上の賛成を必要とし，教団からの離脱および教会の解散並びに合併は出席議員の4分の3以上の賛成を必要とする．

(2) 前項の場合，代理および不在者投票は認めない．

第4章　牧師

第20条（招聘）(1) この教会の主任牧師は，教団の正教師のうちから，教会総会の議決により教会が招聘する．

⑵ この教会は，必要ある場合には，主任牧師を補佐する牧師または伝道師をおくことができる．その牧師または伝道師の選任および招聘は前項に準じる．

第21条 （就任式）牧師または伝道師が就任したときは，教会は教区と合議のうえ，その就任式をおこなう．

第22条（辞任） 牧師または伝道師が辞任しようとするときは，教会総会の議決を経て辞任する．

第23条（牧師の教務） ⑴牧師は，この教会の信仰告白と伝統に従い，この教会規則に則って次の教務を執行する．伝道師は，第2号および第3号を除き，牧師に準じる．
1. 説教その他礼拝の奉仕，伝道および信徒の信仰指導
2. 聖礼典の司式
3. 長老および執事の任職式の司式
4. 結婚式，葬式その他の儀式の司式
⑵主任牧師は，教会総会および長老会（小会）の議長として，それらの会議を主宰し，教会および長老会（小会）を代表する．

第24条（主任牧師の事務） 主任牧師は次の事務を主管する．
1. 教会総会および長老会（小会）の招集に関する事項
2. 教会財産および財務に関する事項
3. 教団事務局および教区事務所との連絡に関する事項
4. 官公庁その他各種団体との連絡に関する事項

第25条（代務者） ⑴主任牧師が辞任その他の事由により欠けた場合において，速やかに後任者を選ぶことができないとき，あるいは病気そ

の他の事由により 3 か月以上職務をおこなうことができないときは，長老会（小会）は，教団の正教師の中から選任して，代務者を定めなければならない．

(2) 代務者は主任牧師の職務を代行する．

第 26 条（宗教法人代表役員） 宗教法人法による教会の代表役員の職務は，主任牧師がおこなう．

第 5 章 長老会（小会）

第 27 条（長老） (1) この教会に長老 12 名（＊）をおく．

(2) 長老は信仰経験に富むとともに，この教会の信仰告白と伝統に忠実であり，礼拝を厳守する者でなければならない．

第 28 条（長老の選出） (1) 長老は，その選挙が予告された教会総会において，総会議員の投票により，次の各号のすべて（＊）を充たす現住陪餐会員の中から選挙する．

1. 受洗後または信仰告白後 3 年以上経過していること
2. この教会に在籍 2 年以上であること
3. 年齢 25 歳以上であること

(2) 前項の長老選挙は，毎年定員の半数についておこなう．

(3) 長老の選挙は，定数連記の無記名投票による．

(4) 長老選挙の投票に入るとき，議長は祈禱をささげなければならない．

(5) 第 3 項の投票により得票数が投票総数の 2 分の 1（＊）に達した者（以下「2 分の 1 得票者」という）で，上位より定数に満ちるまでの者を当選とする．

(6) 当選者が定数に満たないときは，当選者を除いた残りの定数につ

いて，再投票をおこない，前項を準用して当選者を決定する．

（7）前項の投票にもかかわらず，なお当選者が定数に満たないときは，欠員とする．

（8）長老が任期中に死亡，転出等により欠けることが生じた場合には，次の定期総会または臨時総会において補充選挙をする．

（9）長老の欠員が定員の3分の1に及んだときは，臨時総会を招集して補充選挙をしなければならない．

第29条（任期）　（1）長老の任期は2年とする．ただし，重任を妨げない．

（2）前条第8項および第9項によって長老となった者の任期は，前任者の残任期間とする．

第30条（任職式）　（1）選挙された者がこれを神の御旨として受諾したときは，礼拝において任職式を執行し，按手をおこなう．ただし，再選されたときは公告するだけでたりる．

（2）長老に選挙された者は任職式を経て長老の職に就き，再選された長老はその選挙結果が教会総会において確認された時に長老の職に就く．

（3）任職式においては，長老に選挙された者は，この教会の信仰告白を堅持し，この教会の伝統と教会規則を誠実に遵守し，長老としての務めを忠実に果たすことを誓約しなければならない．

第31条（長老会［小会］の組織）　（1）長老は牧師および伝道師と共に長老会（小会）を組織し，共同してその務めをおこなう．

（2）長老会（小会）は，必要がある場合には，前項以外の者の出席を許し，その発言を求めることができる．ただし，その出席者は議決に参加することができない．

　第 32 条（議長および書記）　(1) 長老会（小会）の議長は主任牧師またはその代務者をもってあてる．ただし，主任牧師またはその代務者に事故があるときは，他の牧師または長老の中から選挙する．

　(2) 長老会（小会）の書記は長老の中から選挙する．

　第 33 条（定例会・臨時会）　定例長老会（小会）は毎月 1 回定時に開かなければならない．ただし，議長または長老の 3 分の 1 以上の者の請求があった場合には，臨時長老会（小会）を開かなければならない．

　第 34 条（定足数）　(1) 長老会（小会）は現員の 2 分の 1 以上の出席がなければ，議事を開き議決をすることができない．

　(2) 第 15 条第 2 項の規定は前項の場合に準用する．

　第 35 条（表決）　(1) 長老会（小会）の議事は，出席者の過半数をもって決する．可否同数のときは，議長の決するところによる．

　(2) 第 19 条第 2 項の規定は前項の場合に準用する．

　第 36 条（任務）　長老会（小会）は次の責務を担い，権限を有する．

1. 福音が聖書に基づき信仰告白を規範として正しく説かれ，また正しく聴かれるために配慮し，礼拝および祈禱会のために適切な準備をすること．
2. 聖礼典を正しく執行すること．
3. 洗礼および信仰告白の志願者についてその信仰の試問をおこない，これを承認し，洗礼および信仰告白の準備をおこなうこと．
4. 信徒の転出および転入について決裁をすること．
5. 牧師および伝道師の招聘，辞任，解任，謝儀その他の事項について審議し，教会総会に提案すること．
6. 福音伝道の推進を担い，そのための具体的計画を立て，またそれ

を組織的・持続的に遂行すること.

7. 信徒および求道者を適切に指導し，訓練して牧会すること.各部,各委員会および諸集会が教会の任務から逸脱せず，信仰の一致において教会の業に参与するよう指導すること.

8. 教会学校を維持し，その任務を遂行すること.

9. 信徒の戒規を正しく執行すること.

10. 教会総会を開き，これに前年度の報告をし，また新年度の伝道方針案および歳入・歳出の予算案，その他の議案を作成して提出すること.

11. 託された献金の適正な使用に責任をもち，予算に基づき金銭出納および教会財産の管理その他の財務を司ること.

12. 教団に関する事項および地域長老会（中会）もしくは他教会との協力に関する事項を審議し，処理すること.

13. 教会員名簿，教会総会記録，長老会（小会）記録，会計簿，財産目録等を正確に作成し，これを保管すること.

14. 教会の付帯事業の管理および運営に関する事項を審議決定すること.

15. 宗教法人に関する事項を処理すること.

16. 教会規則改正につき審議して，教会総会に提案または報告をすること.

17. その他教会における重要な事項を処理すること.

第37条（執事＊）(1)長老会（小会）のもとに，執事若干名をおく.執事には，第27条第2項を準用する.

(2)執事は，牧師および長老の指導を受けて，礼拝，伝道，牧会および財務等に関する長老会（小会）の職務を補佐する.

(3)執事は，教会総会において選出する.

(4)執事の任期は2年とする.ただし，重任を妨げない.

(5)執事に選任された場合，礼拝において任職式をおこなう．ただし，再任の場合は公告するだけでたりる．

第6章　委員会，部および教会学校

第38条（委員会）(1)この教会は，その務めを果たすために必要に応じて長老会（小会）のもとに委員会をおく．ただし，教会総会特別委員については，別に定める．

(2)委員会の設置または改廃，組織および職務は，長老会（小会）がこれを定める．

(3)委員会は，長老会（小会）の決定した方針に基づいて具体的な調査もしくは立案をし，または長老会（小会）の決定した計画の実施につき組織的に奉仕することをその任務とする．

(4)委員会は，長老会（小会）の権限を代行することができない．

第39条（委員および委員長）(1)委員会の委員は，長老会（小会）において現住陪餐会員の中から選出する．

(2)委員会の長は，長老会（小会）において長老の中から選出する．

(3)委員長は，委員会の議長となり，また委員会の活動につき長老会（小会）に定期的に報告しなければならない．

第40条（部）(1)この教会は，教会員の交わり，相互鍛練，信仰の証しおよび奉仕を高めるため，年齢別，性別または地域別等によって組織される部をおく．

(2)部の結成および改廃は，長老会（小会）の議決による．

(3)部の委員は，各部において選出するものとし，長老会（小会）の承認を受けなければならない．

(4) 部の指導および助言にあたる者として，各部に担当長老をおく．担当長老は部の活動につき長老会（小会）に定期的に報告しなければならない．

第41条（教会学校）(1) この教会は，年少者の礼拝，教育および伝道のために，教会学校をおく．

(2) 教会学校の任務は，この教会の信仰告白に基づいて遂行されなければならない．

(3) 教会学校の編成および礼拝並びに教育の要綱は，長老会（小会）において定める．

第42条（同上）(1) 教会学校の教師は，信仰を告白して洗礼を受けた者でなければならない．

(2) 教会学校教師の選任は，長老会（小会）においておこなう．

(3) 教会学校の校長は，教会総会において長老の中から選出する．

(4) 校長は，教師を指導し，教師会の会議を主宰する．また，教会学校の活動につき長老会（小会）に定期的に報告しなければならない．

第7章　財　務

第43条（目的・財源・責任）(1) この教会は，経済的に自立して主キリストより託された務めを果たすために，牧師・伝道師への謝儀，礼拝・伝道・牧会等に関する費用，教区等への分担金，他教会等への連帯支援金その他教会に必要な経費は，信徒の信仰に基づく献金によって支弁する．

(2) 献金は，礼拝献金，月定献金，感謝献金および特別献金の4種とする．

(3) この教会の会計および財産管理は，第1項の趣旨に適合するように，

長老会（小会）の責任において，公正，安全かつ明細に処理されなければならない．

　第44条（財務担当者）（1）この教会の会計および財産管理の事務につき，長老会（小会）に長老の互選により，それぞれ1名以上の担当長老をおく．

　（2）必要がある場合には，長老会（小会）は，財務担当長老のもとに事務補助者若干名をおくことができる．事務補助者は原則として執事の中から選任し，その職務の範囲は長老会（小会）がこれを定める．

　（3）会計担当長老は，会計帳簿および証拠書類等を整備して，毎月長老会（小会）に収支計算書により会計報告をし，その承認を受けなければならない．

　第45条（会計種別，予算，決算）（1）会計は，経常会計と特別会計の二種に分ける．

　（2）長老会（小会）は毎年度，経常会計の予算案および各会計の決算並びに財産目録，さらに剰余金があれば，その処分案を作成し，文書によって教会総会の議に付さなければならない．

　（3）経常会計の予算は，収入と支出の二部に分け，款・項に区分して，収入の性質および支出の目的を明示しなければならない．

　（4）経常会計の予算は，前年度の3月の定期総会で定立しなければならない．

　（5）特別会計は，教会総会の議決により，特別の目的のために特定の収入源および管理の基準等を定めて設定する．

　（6）経常会計の決算は予算と同一の区分により作成し，また特別会計の決算は収入源および管理の基準等に従って作成し，それぞれ会計監査委員の監査を経て，教会総会に提出するものとする．

　（7）この教会の会計年度は，毎年4月1日に始まり，翌年の3月31日

に終わる.

　第46条（牧師謝儀）（1）牧師または伝道師の謝儀は，年齢および家族
構成等に配慮するとともに，その務めに相応なものでなければならない.
　（2）前項の謝儀は毎月第一日に渡すものとする.

　第47条（収入支出処理）（1）第43条第1項の規定にかかわらず，寄
付金および教会財産から生じる果実等の収入は，各会計の収入に加える.
寄付金を受ける場合は，長老会（小会）の承認を要する.
　（2）款相互間の流用および款の総額を超える支出は，することができ
ない. ただし，やむをえない事由があるときは，長老会（小会）は，当
該款予算額の10パーセントを限度として，款予算額を超える支出をす
ることができる.
　（3）支払い資金を調達するためやむをえない事由があるときは，長老
会（小会）の議により他の会計より一時借り入れることができる. ただし，
いずれか一方の決算期までに返還できる場合に限る.
　（4）予算成立後に生じた事由によって予算の追加または変更をおこな
う必要がある場合には，長老会（小会）は補正予算案を作成して，教会
総会の議に付さなければならない.

　第48条（宗教法人）（1）この教会は，基本財産およびその他の財産の
管理等のため，宗教法人を設立する.
　（2）宗教法人に関する規則は，別に定める. ただし，その代表役員お
よび責任役員は，この教会規則および長老会（小会）の議決に従って，
その職務をおこなわなければならない.
　（3）前項の責任役員は，教会総会において長老の中から選出する.

第8章 戒 規

第49条（目的） この教会は，主キリストに対する冒瀆と否認とをしりぞけ，教会員を訓練するために，ここに戒規を定める．ただし，これは戒規処分を受けた者と主キリストとの関係を規定するものではなく，また主キリストの教え（マタイ 18：15－18）に従って慎重に運用されなければならない．

第50条（戒規処分） (1)戒規処分は，戒告，陪餐停止および除名の三種とする．

(2)教会員がこの教会に加入するときにおこなった誓約に違反したときは，長老会（小会）は戒告および陪餐停止のうちより必要と認める戒規処分をすることができる．ただし，陪餐停止は長老現員の3分の2以上の同意を要する．

(3)教会員が公然と主キリストを否認しまたは異なる主を信じると告白して，長老会（小会）の訓戒にもかかわらず悔い改めないときは，長老会（小会）はこれを除名することができる．ただし，長老現員の4分の3以上の同意を要する．

(4)戒規処分は，教会の所在地において公告する．

第51条（上訴） (1)戒規処分につき疑義あるときは，教会総会は長老会（小会）の報告を求め，またその処分の撤回または解除を勧告することができる．

(2)長老会（小会）がその処分を撤回しないときは，陪餐停止または除名処分を受けた者は，教区常置委員会に提訴することができる．

第52条（解除） 戒規処分を受けた者が深く悔い改め，戒規の目的を

達したと認められるときは，長老会（小会）はその戒規処分を解除しなければならない．

第９章　雑　則

　第53条（補則）　(1)この教会規則の施行細則およびその他の規程は，この教会規則に基づいて長老会（小会）が制定しまたは変更する．

　(2)この教会規則および同施行細則並びにその他の規程に定めがないときは，教団の教憲教規並びにその他の諸規則によるものとする．

　第54条（改正）　この教会規則の変更は，変更箇所を明示する第14条の公告を経た教会総会において，出席議員の３分の２以上の同意を得なければならない．ただし，第１条ないし第５条については，この教会の信仰と職制の伝統に基づく部分を変更することはできないし，その他の変更の場合も，その変更案を教会総会の少なくとも６か月前に公示しなければならない．

以上

各個教会規則の編成とその総則について

「モデル各個教会規則」の編成つまり章建ては，筆者がかつて作成した「金沢教会規則（案）」（本書第一部第1章，第2章において紹介）と同じで，最初に総則を置き，その後に各則を置いています．各則については順次述べることにして，まず，特に大事な総則を置くことの意義とその内容につき述べておきます．

はじめに総則を置き，その後に各則を展開するという立法形式は，古代ローマ法に始まり，近代に入って民法のパンデクテン体系として知られるようになったもので，総則に基本的条項が置かれ，またそれが，その後に展開される各則の解釈運用の統一的な規準としての働きをするという仕組みになっているわけです．教会法においても，この形式を採用して，初めに教会法の基本的な条項を纏めて総則として規定し，その後に各則を展開することは，教会に関する諸事項につき，教理的・教会法理論的に筋道立てて組み立てるようにして，堅実な教会法的な問題解決を図るのに必要にして適切だからです．

なお，この総則の諸規定は基本的な規定ですので，その改正は特に慎重に進めるように，「モデル各個教会規則」の改正規定（第54条）において特別の定め（第54条ただし書）が置かれていることにご注意ください．

さて，総則の冒頭に，教会の名称についての規定を置くことは，異論のないところでありましょう．ところで，教団の教憲・教規には，所属教会の名称につき「日本基督教団」を冠して「日本基督教団○○教会」とすべき旨の規定はなく，宗教法人「日本基督教団」規則にもありません．教団の教会規則の準則第1条には「日本基督教団○○教会」とありますが，準則は規範性を有しません．しかし，各教会がその名称に教団名を

冠することは，1941（昭和16）年の合同による教団発足時から，それまで冠してきた教派名を教団名に変えておこなわれてきたものであり，教憲前文第三段の趣意に照らしても妥当であるので，教団名を冠しない名称を定める各個教会規則案は，教団慣習法に照らして認め難いところであり，教区総会議長の承認を得られないと解すべきでしょう．

　次に，第2条（所在地）の規定の趣旨は宗教法人規則のそれとは違います．宗教法人法の住所は，基本的に民法上の住所の意味で，宗教法人規則に事務所の所在地を規定することを求めていますが（宗法12条），教会法としての教会規則においては，礼拝並びに聖礼典の執行，教会総会等教会の会議の開催，公告および教会への通知・連絡は，原則としてこの所在地においておこなわれるという意味です．多くの場合，端的にいって教会堂のあるところと言ってよいでしょう．

基本的条項について

第3条（信仰告白）について

　本条は，この教会が拠って立つ信仰について，いかなる信仰告白に立つかを明示するしかたで規定するものです．本論においてたびたび述べているように，この教会がいかなる信仰に立つかを絶対的主権者なる神に対する信仰の告白によって明確にしているのでなければ，真実に主の教会として存立しえないからです．そして，ここに定める信仰告白に告白されていることを信じ受け入れることを自己の存在をかけて告白して洗礼を受け，または転入した者が，この教会に加わることを許される．そのようにして，この教会は信仰告白共同体としての歴史を紡いでいくのです．それとともに本条は，この教会の全体教会への所属がこの信仰告白の一致によって定まることを明示する働きをしています．

　まず本条は，最初に聖書を正典とすることを宣言します．聖書といっ

ても続編付きのものもあるので，巻数をもってその特定を図っています．

　次いで，聖書の証しするキリスト信仰を明確にするために，まず「基本信条を基礎とする」ことにつき述べます．これは，この教会が，キリスト教にかかる多くの異端を退けて正統教理を打ち立てた使徒信条やニカイア信条などの基本信条（公同信条）を基礎として立てられている教会であることを規定することにより，唯一の主イエス・キリストの体なる公同の教会に連なるものであることを明らかにしています．

　そして，この基礎のうえに構築形成されるこの教会の信仰的骨格は，福音主義改革教会の諸種の信仰告白や信仰問答に凝縮した信仰であり，教理であることを明確にします．この改革教会の信仰によって礼拝・伝道・信徒訓練および教会組織の形成をしていくのです．これはまた，信仰告白の機能や位置づけについても，改革教会のそれを受けて，信仰告白の規範性を承認し，信仰告白の一致による全体教会の形成へと向かうことを示しています．

　しかも本条は，特に 1890 年の旧日本基督教会の「信仰の告白」を挙げて，それを受け継いで日本基督教団信仰告白を告白すると規定します．「1890 年信仰の告白」は，改革長老教会の信仰を教会会議の満場一致の決議により明確に告白したわが国最初のものであり，これを受け継ぐことは歴史を導きたもう主なる御神の前に常に明確にキリスト信仰の告白に立ち続ける教会であるとの姿勢を示すとともに，これを踏まえて日本基督教団の信仰告白を告白するというのです．要するに，基本信条の公同の信仰を基礎とする改革教会の信仰，特に加えて「1890 年信仰の告白」によって教団の信仰告白を受け止め，告白し，解釈し，補強していくことにより，教団において真に主キリストの体なる全体教会の形成を進めるという基本的姿勢を鮮明にしているわけです．

　第 3 条の結びは，教団の信仰告白を告白するがゆえに教団に所属することを明確にします．これは，この教会が教団との間に教団所属の教会法的関係を保つについては，信仰告白において一致することが不可欠で

あること，それはまた，教団が一つなる教会（全体教会）であることを
主張するには，教団所属教会がすべてこの信仰告白において一致してい
ることを要することを示しています．もっとも，教団が信仰告白におい
て一つであることは，現実にはまだまだ弱いので，その中にあってなお
この教会がそれをめざして教団において教会形成に勤しむには，くり返
し改革教会の信仰を確認しなければならないでしょう．本条の「福音主
義改革教会の信仰によって立ち」は，その意味でも欠くことができませ
ん．それとともに，本条は，教団がその信仰告白に変更を加えたり，そ
の解釈を歪めたり，あるいはその信仰告白に変質が生じたり，また，こ
の教会が新たな信仰告白をする方向に進むときには，この教会は教団と
の所属関係を変更する自由をもっているという意味を含んでいます．

　最後に，本条の次に基本的職制に関する第4条が置かれているのは，
信仰告白は教会の職制や組織さらに制度ないし秩序の基礎ないし前提と
されるべきものであるゆえであることを示しています．

第4条（基本的職制）について

　本条は，主とその教会に奉仕する職務の組織および制度，いわゆる基
本的職制につき規定します．

　まず第1項で，教会の組織は，福音信仰の純正を保って，頭なるキリ
ストから託された務めを果たすための奉仕の組織であること，およびこ
の教会の伝統に従って長老制度を採ること，それがこの教会の基本的職
制であることを明確にします．基本的職制の「基本的」の意味について
は，本論において論じたように「始源的」と「不可欠的」の意を含んで
いますが，略します．

　本論において論述したように，教会は主キリストの主権のもとにあり，
主キリストの支配を中心原理とする独自の法秩序，すなわち教会法に服
します．主キリストの支配とは，神が御言葉によって教会を統治される
ことであり，そのためには，教会の福音信仰が純正に保たれるように，

第3条に則って教会の教理の擁護と教会員の信仰の保持に努め，頭なるキリストから託された礼拝・伝道・牧会という教会形成の務めを忠実に果たすことをその固有の使命とする基本的職制が確立されていなければなりません．本条第1項は，そのために長老会（小会）を置くと規定しています．そして，教会組織の点でも，教会的伝統が教会の生命にかかわる重要性をもつものであることの認識に立って，長老教会の伝統を受け継ぐことを明記します．それゆえ，この教会規則の解釈運用は長老教会の伝統を尊重しつつなされなければなりません．この伝統においては，長老は教会総会で選出されるが，長老会（小会）の責務と権限は教会総会から委託されたものではなくて（つまり長老会［小会］は委員会ではなく），主キリストから委託された固有のものであります．本条第2項はその上に立っています．

　第2項は，基本的職制としての長老会（小会）は牧師と長老により構成されること，および牧師の立脚基盤は主の召命と教会の正規の手続きにあり，主とその教会に対する牧師の任務は主として説教をし聖礼典を司ることにあること，並びに長老の立脚基盤は教会総会による選出と牧師および先任長老による按手にあり，主と教会に対する長老の任務は牧師を補佐することと牧師と共に礼拝・伝道・牧会に奉仕することであることを一体的に規定しています．

　なお，この「牧師を補佐し，牧師と共に」については，旧日本基督教会憲法第9条や教団教会規則準則第33条は牧師を「補佐」する側面しか規定せず，日本基督公会条例第4条例3段は「牧師と偕に」とだけ規定していますが，牧師と長老との関係については，この両側面を含むものと解すべきであります．牧師の中心的務めとしての説教と聖礼典の重要性のゆえに長老は牧師を補佐する務めを負うのですが，他方，広く礼拝・伝道および牧会について長老は牧師と共同して奉仕すべきものだからです．そして，牧師と長老の立脚基盤と任務が一体的に統合されるしかたで理解されるべきこと，および，長老会（小会）は奉仕することに

よって教会を治めるものであること（マルコ 10:42-45）が，牧師・長老・
教会員の間で共有されているとき，長老会（小会）は正しくその責務を
果たし，権限を行使することが可能になっていくのです．本項を受けて，
長老会（小会）の責務と権限の具体的内容については，第 36 条に規定
されています．

　第 3 項において，教会総会を最高の議決機関としているのは，教憲第
7 条が教会総会をもって「最高の政治機関」としていることに対応して
います．ただ教会的諸伝統を複合している教団においては「教会政治」
の概念につき必ずしも明確な共通理解はなく，しかも教憲は「教会的権
能」の語を避けて「教会的機能」と表現している次第ですので（これら
については本書第三部 2 を参照），本項では「議決機関」の語を用いてい
ます．これでも教憲のいう会議制の枠に収まっていると考えます．

　さて，長老の選出および宣教長老である牧師の招聘決議は，教会総会
においておこなわれます．第 3 項において長老を選挙することが教会総
会の第一の務めであるとしていますが，牧師招聘の決議も含めて，これ
は改革長老教会の伝統です．旧日本基督教会は，当初，牧師の選挙と長
老の選挙はそのために特別に信徒が集まっておこなうとしていて，1920
の憲法改正に伴いその会議を教会総会としたのでした．そしてこの長老
選挙のゆえに，総会は最高議決機関と位置づけうるのです．しかし，そ
れは教会的権能のすべての行使について常に最高の機関ということでは
ありません．くり返しますが，むしろ長老会（小会）中心なのであり，
長老会（小会）の責務と権能の具体的内容にもそれは現れています．

　最後に，第 4 項につき一言します．長老会（小会）や教会総会その他
の会議が教会の会議たりえるのは，頭なるキリストの主権に服するから
であり，聖霊の導きを求める祈りによって開会され，主に対する感謝と
主に栄光を帰する祈りをもって閉会されることは，教会会議に必須で
す．実は，かつて第 16 回教団総会の開会礼拝の祈禱が暴力的妨害によっ
て中断され，そのまま討論集会となり，妨害者たちの悔い改めの発言も

ないままに終結しました．この集会は第16回教団総会とよばれますが，総会としては定足数は満たしたが，不成立であり，不存在です．このことは，教団にとって第4項の意義についての反面教師です．なお，教団の「総会議事規則」第1条にも同旨の規定が置かれていますが，これは教憲的規定というべきでしよう．

第5条（教会の務め）について

　第5条第1項は，改革長老教会の教会観に立って教会の主に対する務めを掲げたもので，これを第2項が受けており，また，第10条，第11条，第23条，第36条，第37条，第6章，第7章，第8章など，この規則の全体においてこのための規定が置かれています．

　第2項では，聖書朗読から祝禱まで礼拝の要素七つを掲げて，教憲第8条第2項より丁寧な規定にしました．また礼拝指針については，少なくとも改革長老教会の伝統に立つ教会としての共通のものが築き上げられていくことを望みつつ，このように規定しています．

各条項の若干の解説

第2章（会員たる信徒）について

　各個教会のいわゆるメンバーは通例「教会員」とよぶことが多いでしょうが，ここでは教憲第10条に従い「信徒」とします．教会を任意団体と受け止めれば「教会員」でよいでしょうが，教会は主キリストの恩寵と権能のもとに存在を許されているのですから，教憲が教会につき礼拝および聖礼典（洗礼と聖餐）を規定し（第8条），それらに仕える教師の規定（第9条）の後に「信徒」につき定めているのを受けて，各個教会の教会規則においても等しく「信徒」とするわけです．そして，この教会に属する信徒という意味で「会員たる信徒」としています．こうして

本章は，復活昇天の主のご命令に基づいて施された「洗礼を受けてキリストに結ばれた者」（ガラテヤ 3：27），すなわちこの教会に入れられた者である信徒につき定めます．そして本章の一連の規定は，教会総会の構成員の資格の規定（第 11 条）に終結します．

　第 7 条（洗礼）では，特に，洗礼試問および洗礼式がこの教会の信仰告白に基づいておこなわれるべきことを明記しています．教団の教規や教会規則準則はこの点が明確ではないからです．

　第 8 条（幼児洗礼）は，この教会の信徒を親とする幼児につきその親の願いにより幼児洗礼を授ける旨規定します．教団の教会規則準則第 7 条が父母が信徒である幼児につき幼児洗礼を認めるとするのと異なり，父母の一方だけが信徒の場合でも，その申し出により幼児洗礼を認め得ることを含んでいます．未信者である他方の親が明確に反対し続ける場合は，共同親権を尊重して洗礼を控えざるをえませんが，それはまた長老会（小会）の伝道の課題です．なお，父母共に信徒の場合は，その父母の一致した申し出を要するのは言うまでもありません．

　第 10 条（陪餐）は，信徒に対し聖餐に与ることができることを教会規則として保障します．それとともに，この規定は次条の現住陪餐会員の規定および戒規としての陪餐停止の規定の前提としても重要です．

　第 11 条（現住陪餐会員）は，第 12 条の教会総会議員資格を明確にするための規定です．その内容は，第 7 条(3)を踏まえたもので，特に礼拝出席を重視しています．教会総会および長老会（小会）が神礼拝のもとにみこころにかなう決定をするものとなるようにとの配慮であり，本論でも論じた教会法と礼拝との重要な関係の具体的な一面です．なお，現住陪餐会員名簿作定の規準は教会の慣行や牧会の実情への配慮

等により若干異なることはありえることです.

第3章(教会総会)について

第3章は,教会組織に関する諸規定の最初に,第4条第3項に基づいて最高議決機関である教会総会について規定することから始めます.ただし,教会総会を開催し,その会議の準備や進行など総会の運営にあたるのは長老会(小会)です.このことは第36条第10号にもその一端が現れており,長老会(小会)書記が教会総会の書記を務めることもそのゆえですが(第16条(4)),長老制度の教会として当然のことであり,これを踏まえて本章の諸規定を解釈運用することになります.この基本線に基づいて読めば,本章の諸規定は特に説明を要しないと思われますが,以下,二,三の規定につき若干のコメントをします.

第12条は教会総会を組織するいわゆる教会総会議員につき規定していますが,教会の信徒であれば,誰でも総会に出席し発言できるものではなく,現住陪餐会員たる信徒でなければならないとするもので,その意味するところは第11条解説で述べたとおりです.

第15条は総会の定足数を4分の1としていますが,現住陪餐会員確定規準とも関連しており,*印を付したようにそれぞれの教会の慣行や実情も考慮して定めるのが穏当です.

第16条において,議長は主任牧師が務めるとしていますが(教憲教規も同じ),その理由は,本論でも論じたように,会議の判断が信仰職制論的に歪まないようにとの配慮からです.加えて,総会において各種発言につき調整を図るには牧会的配慮を要するでしょう.それとともに,牧師は決して独裁者になってはなりません.

　第 17 条は教会総会において議決，承認または選挙など処理すべき事項を掲げていますが，そのうち第 3 号から第 10 号までの議事は，総会が長老会（小会）に付託する議決をした場合，またはやむをえない事情のある場合は，長老会（小会）において処理することが可能です．その処理内容はもちろん次の総会において報告承認をえることを要します．ただ，第 3 号および第 4 号の議案が教会総会の処理すべき事項とされているのは，教会員の奉仕を統合し，またそれを高めるためであって，その意味でまさに総会の存在理由に関わるものであるとの認識はきわめて大切です．

第 4 章（牧師）について

　本章の標題について，教規および準則では「教会担任教師」としていますが，説教と聖礼典を不可欠とする立場から，正教師である「牧師」としました．

　第 20 条は，教団の教規（第 106 条）に従い，いわゆる牧師招聘主義の規定にしています．なお，このことに関する長老制度の伝統においては地域長老会（中会）による派遣が基本になることは，本論で述べたとおりです．招聘するのは「教団の正教師のうちから」とありますが，教団外の教師でも，その教師が教団教師になる手続き（教規第 131 条）により認められれば，招聘が可能です．牧師の辞任にも教会総会の議決を要します（第 22 条，併せて教区総会議長の承認）．

　第 23 条は，牧師はこの教会の信仰告白と伝統に従い，教会規則に服すべきことを明記しています．牧師が替わると礼拝や牧会あるいは人事などにつき部分的に，そして次第に大きく変容し，時には長老制度が崩れることが生じることがあります．部分的変容のとき，長老会（小会）は，第 23 条の意味とその重要性をどれだけ深く認識しているかが問われて

いると受け止めるべきでしょう.

第5章 (長老会 [小会]) について

　この章が詳細な規定になっているのは, 改革長老教会の伝統に立つ教会の規則として当然ですが, 長老制度につき本論において述べたところを踏まえて解釈運用されることを期待して, 各規定につき縷述することは努めて控え, 重要な点だけに止めたいと思います.

　まず, 第27条第2項は, いわゆるあるべき長老像として私なりに願うところを記したのですが, 長老会 (小会) の重要な地位と責務・権限の重さを考慮するとき当然であり, 教会員は総会でこのような者を選ぶことを最も大事な務めと心得, 長老に立てられた者は主の召しと覚えて日夜精進し, そして皆共に謙虚に聖霊の導きを祈る教会でありたいものです. この規定は改革長老教会の生命線と考えてよいでしょう.

　第28条が明細な規定になっているのは, 長老選挙が長老制度の趣旨に合うように適正かつ整然とおこなわれるようにし, 議員が祈りに集中して投票できるようにするためです. 投票に入るとき議長が特に祈りをささげるとしているのは, 使徒言行録1章24節の祈りと同じです.

　第30条 (任職式) における按手は, 司式者のほか同席する正教師および按手を受けた長老がします. また(3)の誓約とその内容は第4条(2)および第36条の内容に照らして当然でしょう.

　第31条 (長老会 [小会] の組織) (1)の「共同してその務めをおこなう」は, 牧師と長老がそれぞれの召された務めを尊重しつつ同等の立場で審議を尽くし, その執行を進めて長老会 (小会) としての責務を果たすということです. その責務の内容は第36条に規定されており, その協議の結論は平等の表決権に基づく多数決によるとされています (第35条).

　第36条（長老会［小会］の責務と権限）は，教会の基本的職制（第4条⑵）としての長老会（小会）の務めをいわば具体的に列挙して規定するものですが，ここで特に留意すべきことは，「権限」に対して「責務」が先にあることです．長老会（小会）にとっては主とその教会に仕える責務が第一であって，それに必要なものとして権限が与えられていると理解すべきだからです．次に，本条の第1号以下各号については，改革長老教会の教会観に立って，各事項の処理の方向や規準も含めて規定しています．各事項の順序その他につき教規第102条と異なるのは，総会処理事項の場合と同様です．ここでは特にその第1号につき若干のコメントを記します．

　第1号の「正しく説かれ，また正しく聴かれるために配慮し」は，教会から反福音または非福音を排除し，教会に福音がみなぎり，教会がただ主キリストのもとに立ち続けるために配慮することであり，主と教会に対する忠誠と愛の行為です．まず，説教において福音が正しく説かれず，非福音が説かれている場合，それを正すことは長老会（小会）の責務と権限です．かつて教団紛争時にしばしば聞いたように，復活を否定したり，キリスト信仰を結果として消極的なものにする説教があり，長老会（小会）がそれを一致して克服しないまま教会が混乱することがあってはなりません．また，教会員間の反福音または非福音に傾いた諸種の動き —— 礼拝への理由なき長期欠席も含めて —— に対して，長老会（小会）は厳しくも愛をもって抑止し指導しなければなりません．いわゆる礼拝の準備はこれらの配慮が根幹にあってこそ成り立つものであり，それゆえこの第1号は，長老会（小会）の教会を治める務めの焦点を示しており，また第2号以下の各号を支えます．それら各号については，本論をはじめこれまで述べてきたところからご理解いただけると思いますので，コメントは控えます．

　次に第37条（執事）についてですが，執事職に関して本論（第二部5(3)）において述べた認識から，「モデル各個教会規則」としては最小限の規定を置くことにして＊印を付してありますが，なお，若干のことを記します．

　まず，執事が教会の基本的職制としての長老会（小会）のもとに置かれ，つまり長老会（小会）から独立しかつそれと対等の別種の職制ではなく，むしろ長老会（小会）に直属する職制であると位置づけます．そして「牧師および長老の指導を受けて」「長老会（小会）の職務を補佐する」働きをすることを明記しています．それは，「礼拝，伝道，牧会および財務等」広く諸般の教会活動に及びます．しかし，執事にはそれら教会の活動につき審議決定権と代表権はありません．ですから，執事が集まってその所管事項につき会議をおこなうとしても，それはいわゆる連絡打ち合わせの会であって，所管事項につき新たなことを決めるいわゆる審議決定権はなく，新たなことを決める場合は，それを長老会（小会）に報告し，その承認あるいは審議可決があって効力を生じるというわけです．

　執事が長老会（小会）に陪席することは，第31条第2項の適用により可能です．執事の所管事項に限らず，一般的に常時陪席を認めることも可能ですが，大事なことは，長老会（小会）の審議を有効適切に高めるためですから，執事はその所管事項に関連ある限りで発言でき，審議事項につき賛否を表明することはあってはなりません．教会によっては，執事は長老への養成訓練期間と解して，大いに発言を認めることもあるかと思いますが，長老制度の本義からみて誤っています．

　ところで，長老または執事でない信徒が礼拝奏楽者を務めている場合，その務めの重要性からして，その者を執事に準じて位置づけ，牧師または礼拝担当の長老の指導を受けるものとし，しかるべき任職式がおこなわれるべきものと解します．

第6章（委員会・部および教会学校）について

　第6章所定の組織や活動は多くの教会でなされており，そこでは長老制度に則ってしかるべく整えられて進められていることと思いますし，教会規則としても第36条第7号および第8号によって律しうるので，特に規定しなければならないものではありませんが（＊を付してあるように），長老制度の教会形成に資するものとするための最小限の規定のモデルとして，ここに掲げました．なお，ここで「部」とは青年会・婦人会などのことです．

第7章（財務）について

　本章では第43条が基本的規定で，これは教会のありかたに照らして最も重要な規定の一つです．とりわけその第1項に，「経済的に自立して主キリストより託された務めを果たすために，牧師・伝道師への謝儀，礼拝，伝道・牧会等に関する費用……その他教会に必要な経費は，信徒の信仰に基づく献金によって支弁する」とあることに注目しなければなりません．これに比して教規（第115条）では，「教師の謝儀……その他教会に必要な経費は信徒の献金，寄付金および教会財産から生じる果実，その他の収入によって支弁するものとする」となっています．信徒の献金以外に後者が掲げる寄付金，教会財産の果実その他の収入は実際にはありえるのですが，それらについて「モデル各個教会規則」は，その第47条第1項で収入支出処理の一つとして規定するに止めています．では，両者は何が違うのか．その焦点の認識に資するものとして，次の一文を掲げておきます．「みことばにのみ立つ教会は，みことばの役者（牧師）を支え立ててこそ自立した教会である．そしてそのためには，牧師謝儀のみでなく，教会の働きにつき経済的にすべて自立していなければならない．そのためには，教会の中に，清冽堅固な『献げる信仰』があり，世俗の権力や富と結びつかない独立の精神，キリストのみをかしらとし，神の栄光のみを求める信仰が漲っていなければならない」（『金沢

教会百十年史』42 頁）．旧日本基督教会第 4 回浪花中会は，教会建設を認めるには，「第一，会吏タルベキ人物アルコト（会吏とは，牧師・長老のこと），第二，一切自給ノコト．但シ直チニ自給ノ資力無キモ其精神信徒一般ニ充満スル場合ニアリテハ妨ナシ」と決議していました（同上 53 頁）．

　このような第 43 条第 1 項に基づいて，同条第 2 項以下の財務関係の諸規定が置かれています．その各条については，特に説明を要しないと思います．また，宗教法人に関する第 48 条については，本論で述べたとおりです．

第 8 章（戒規）について

　戒規は，本論において丁寧に論じたように，教会の福音信仰の純正を保持するとともに，教会員が主キリストの体なる教会の肢として全うできるようにとの信仰的訓練のために置かれているものです．ハイデルベルク信仰問答（83）が戒規を聖なる福音の説教と並んで教会の「鍵の役目」を果たす大事なものと位置づけているように，教会規則においてはきわめて重要な定めなので，少し丁寧に規定しています．特に教団の規定（「戒規施行細則」第 9 条以下）では，信徒の戒規執行の要件が「信徒たる体面に係る行為ありたるとき」（第 9 条），「信徒たるの体面を汚すが如き行為」（第 10 条）という外形的要件のみであることおよび解除の規定がないことはあまりにも杜撰であり，注意を要します．

〈附論〉

召され託された長老の務め

1 基本に立ち戻って

特集テーマにいう「主の教会を支える」とは，主に召され主から託された長老としての務めを果たして，日常的に教会を支えることである．このことにつき基本に立ち戻って共に学びたいと願い，小文を進める．

ここでまず思い起こすことがある．それは，50年前，金沢教会の長老に召されたときのこと，牧師が新所帯の拙宅に来て，ポケットから『式文』を取り出し，長老の務めと任職式の意味について式文を読み訥々と説かれた時のことである．見返しに同牧師の署名のあるその『式文』は，掛け替えなき遺品として私の手元にあるが，その任職の辞にこうある．

「汝はいま長老の務めに任ぜられたり．汝は主キリストの召しを受けてこの務めに聖別せられたる者なれば，今後，主は必要なる恵みと知恵とを与えたもうべし．汝は牧師および同職の長老と共にこの群れを守り，人を教会に入るにあたりては特に心すべし．もし真理より迷い出る者あらば，その誤りを正し，彼らを善導するは汝らの任務なり．汝，人を待つに常に柔和をもってし，迷う者をば愛と徳とをもって導くべし」．（中略）「信仰と善行とにおいて会衆の模範たれ．常に聖書を研究し，祈りを怠るべからず．朝夕恵みの御座に近づくことを忘るるなかれ．牧師のために祈れ．同職の長老のために祈れ．教会とおのれのために祈れ[1]」．

---

〔1〕 『一九五二年版教団式文』127頁以下．役員を長老とし，現代表記に

　私はこの任職式の式文全体を筆写して家庭礼拝用聖書に挟み，しばしばこれを読み，事にあたってこれを反芻してきた．これは，長老を務める私にとって，今も立ち戻るべき基本である．実は，この任職の辞の文章は，旧日本基督教会の「長老按手礼の順序」の関係部分を要約した[2]と言えるもので，改革長老教会の教会観および長老論に照らしても全く違和感がない．

　およそ主の教会を支える長老としてわきまえるべき基本点は，上の任職の辞からも明らかなように，次の三つである．第一に，長老職の揺るぎなき基盤は主の召しにあること，第二に，主より託された長老の地位や務めは長老会（小会）の一員であることから理解すべきであり，長老会（小会）の責務と権能についての理解を確かにすることなくして，長老の務めまた長老と牧師および教会員との関係は正しく把握できないこと，第三は，長老の自己鍛錬と訓練の重要性であり，その中心は聖書に親しみ祈ることであることの三点である．基本に立ち戻るとは，これらについての確かな信仰的理解をくり返し新たにすることである．

　筆者は教会論等を学問として学んだ者ではないが，上述のようにして長老の按手を受けて以来教会においてくり返し聖書に尋ね，考えてきたこと，長老会（小会）の共働奉仕および教区・教団の諸会議での議論や見聞等をとおして学び，教会規則案を作成しまたは他教会のそれに助力し，教会法を論じながら考えさせられてきたことを踏まえて，小論を記[3]す．

した．

〔2〕『明治二十三年十二月改正日本基督教会信仰の告白，憲法規則及び附録』（1891〔明治24〕年出版），65頁以下．

〔3〕小著『主に召され仕える信仰告白共同体 ── 「モデル教会規則」から長老職を考える ── 』東京改革長老教会協議会教会形成パンフレット21（2011年1月）も同趣旨に立つ．小論「教会規則その基本的理解と実際的運用」（上）（下）（季刊『教会』第66号，第67号）と併せて参照されたい．

2　長老の立脚基盤 —— 主の召しと按手

　長老の立脚基盤は，基本的に「主の選びと召し」にある．主が召され，長老の務めに聖別されたことである．しかも，「聖霊は，神が御子の血であがない取られた神の教会を牧させるために，あなたがた〔長老たち〕をその群れの監督者にお立てになった」（使徒20：28）[4]とあるように，長老への召しは，主の十字架による救いの圧倒的な恵みの中で，神の教会の民を牧するという教会の存続にかかわる務めを主から委託されることである．この召しが長老職の不変不動の基礎であり，また，これが仕えるべき務めの意義であると使徒は諭している．

　なお，教団の教憲は，教師については「神に召され正規の手続きを経て」として（同第9条第1項），いわゆる内的召命と外的召命とを明確にするのに対して，教会役員については「教会総会において選ばれた者」（同第10条の2）とするだけであるが，長老の地位の基礎にも主の召しがあるとの認識が改革長老教会の教会観の真髄にある．

　各個教会においては総会における選挙によって長老を立てるが，それは，主ご自身が長老職という特別の務めのために恵みの賜物を与えて備えておられた人を明らかならしめる行為である．したがってこの選挙は，特別に聖霊の導きを求める祈りのもとにおこなわれるべきものとされる．[5]　初代教会で使徒の補充に際し，「どちらをお選びになったかを，お示しください」との祈りがささげられてその補充がなされたのと同じである（使徒1：24）．このように，長老の立脚基盤は，選出した教会総会

---

〔4〕　これは口語訳．新共同訳はこの前半を「神が御子の血によって御自分のものとなさった神の教会の世話をさせるために」と訳すが，口語訳の「贖う」「牧させる」の方が原語に近く，その真意を表している．殊に「世話をさせる」は世俗的配慮でたりるとの印象も与えかねない．

〔5〕　カルヴァン『綱要』Ⅳ・3・12.

ないし教会員の意志にあるのではなく，それをとおして示された教会の頭^{かしら}なる主の意思，その「召し」にある．したがって，長老は教会員の多数意見に従えばよいのではなく，第一に主に聴き従わねばならない．そのとき召したもうた主は，「必要なる恵みと智恵とを与え」て，長老とその教会とを支えたもう．

こうして基本的に，召命の信仰なしには，長老の務めは成り立たない．それはまた，主の召しに対する信仰的応答が，その人のうちに息づいていることが常に問われるということである．すなわち，任職式において誓約したように，教会の信仰告白を全人格をかけて明確に告白し，そのようにしてキリストの体なる教会にしっかりと繋がり，また教会の信仰的一致に身を捧げていくことである．

長老に選挙された者がこれを神の御旨として受諾したとき，礼拝において任職式を執行し，按手をする．この按手は任職への祈りと共になされるもので，これは，教師の場合と同様，使徒の教会にさかのぼる教会的伝統と言えよう（使徒 6：6，13：3，Ⅱテモテ 1：6）．今日，長老制度の教会では，按手は，教師の場合は，プレスビテリーがおこない，長老の場合は長老会（小会）（按手を受けた牧師と長老）がおこなうというのが通例である[6]．

祈りとともに「手をおく（按手）」というのは，主の教会の務めに受け入れられた者を神にささげること，すなわち務めのために聖別されるという意味をもち，また，聖霊の賜物を祈り求め，それを受けるようにとの行為である[7]．それゆえ，教会員は主が召したもうたその務めのゆえに，按手を受けた長老の指導を尊重し，長老は「長老たちが手を置いたとき」与えられた「恵みの賜物を軽んじてはなりません」（Ⅰテモテ 4：

---

〔6〕　たとえば，PCUSA, Form of Government, G-14, 0101．また，D. マッキム，原田浩司訳『長老教会の問い，長老教会の答え』一麦出版社，2006 年，172 頁以下．

〔7〕　カルヴァン，前掲書，Ⅳ・3・16，マッキム，上掲書，173 頁．

14) との聖書の教えの前に謙虚でなければならない.

　ところで, 長老の按手は, 一度おこなわれれば, 長老に再選された時はおこなわないし, 同じ長老教会の伝統に立つ他の教会に転会して長老に選出されたときも, 按手はしないものとされているのは, なぜであろうか. これは, 教師の場合と同様, 長老按手に現れた主の選びと召しは決定的であって, 期限付の暫定的なものでなく, また人間の側の意向によって左右されるものではないとの信仰的理解によるものと解される.

　このような改革長老教会の長老任職のための按手は, 教師の場合と同様, ローマ・カトリック教会と異なりいわゆるサクラメントではないが, 前述のように重要な教会的伝統, つまり不文法として[8], 教会の基本的秩序を構成すると理解すべきものであろう. そして, 長老按手によって与えられる恵みの賜物は大きいのである.

　かつて筆者が長老を務めた金沢教会が開拓伝道所を独立させて「内灘教会」を設立したとき, 長老会 (小会) は, 内灘教会が改革長老教会として揺るぎなく形成されていくためには, その初めに何をなすべきかを考えた. そして, 改革長老教会にふさわしい内灘教会規則を制定し, それに長老任職の時は按手をおこなうと定めることにして, 筆者がその草案の準備にあたったが, その按手を教会設立式において出席の教団正教師と金沢教会の長老がおこなったことを想起する. 同じく, 名取伝道所が成長して 2009 年に「名取教会」を設立したときも, 筆者はその教会規則制定や長老研修に助力し, その設立式において長老按手がおこなわれた. そして, いずれの教会においても, 長老会 (小会) が忠実にその務めに励んでいることは, 聖霊の賜物としての確かな導きがそこにあるゆえと感謝している.

---

〔8〕　教会法における不文法については, 本書 33 頁以下を参照.

3　長老会（小会）の一員としての長老

(1) 長老会（小会）の一員

　前述の任職の辞に「汝は牧師及び同職の長老と共にこの群れを守り」「彼らを善導するは汝らの任務なり」とあるように，長老の務めは長老個人としてではなく，長老会（小会）の一員としての務めであり，長老の地位は長老会（小会）の責務と権能により定まるのであって，長老とは何かを考えるときには，長老を長老会（小会）の一員としてみることが肝腎である．つまり，長老会（小会）は何かを正しく把握して初めて，長老とは何かを正しく認識することができる[9]．長老への召しの自覚も，長老会（小会）の一員に召されることであるとの認識を伴わなければ，その重要な実質を欠く．

　長老会（小会）とは何か，またその務めは何かについては，改革長老教会の教会観に立ち戻って考えなければならないが，これについては，ここでは次の略述に止めざるをえない．

(2) 改革長老教会と長老制度

　改革長老教会は，「教会はキリストの体であり」（エフェソ1：23），「御子はその体である教会の頭です」（コロサイ1：23）との聖書の教えに従い，教会は主キリストの主権のもとにあり，すべてにおいて「主権者キリストの支配」が貫かれなければならないとする教会である．キリストの支配とは，神が御言葉によって教会を統治されることに服するということである[10]．このことは，「みことばは聖霊と共に働き，教会はそれによりキリストご自身の現臨にあずからせられ」「このキリストがみことばと

---

〔9〕　前掲，註3の小著は，この見地から長老につき論じたものである．
〔10〕　カルヴァン，前掲書Ⅳ・3・1.

御霊において教会に現臨し，支配されるという秩序」である[11].

　御言葉によって教会が統治されるためには，聖書に則り，教会の信仰告白を明らかにして，教会の福音信仰が常に純正に説かれ，聴かれ，保たれるようにしなければならない．そこで改革長老教会は，教理の擁護と教会員の信仰の保持に努め，頭なるキリストから託された礼拝・伝道・牧会という教会形成の務めを忠実に果たすことをその固有の使命とする基本的職制として，御言葉の説き明かしのために召され，教理につき特別の訓練を受けた教師（牧師）と信徒の指導・訓練・牧会のために信徒の中から召された信仰経験に富む長老とによる長老会議体を伝統的に保持してきた．いわゆる長老制度である．

　この制度は，教会に主より命じられた務めを次の三つに分け，それぞれにふさわしく牧師と長老により構成された下記の三種の長老会議体に託するという重層的長老会議制度である．

　主より命じられた務め[12]とは，礼拝をささげ，伝道して洗礼を授け，教会を建設し，主にある交わりを保ち，戒規を執行するなど，教会的権能を伴うものであるが，そのうち，(a) 礼拝を保持し，伝道を推進して洗礼を授け，信徒の訓練と戒規の執行にあたる務めは，牧師と長老による各個教会長老会（小会）に，(b) 教職者を派遣し，監督し，諸教会の伝道協力をはかり，長老の訓練を進め，教会の建設を決定し，またそれを指導する務めは，各教会の牧師と長老1，2名により構成される地域長老会（いわゆるプレスビテリー，中会）に，(c) 全体教会として信仰告白を明らかにして，正しい教理と教会の法を保持し，教職者を養成して任職し，地域長老会（中会）を監督する務めは，地域長老会（中会）の代表者である牧師と長老により構成される全国的長老会議（大会）に，それぞれ託する制度である．

---

〔11〕　澤正幸『〈増補改訂版〉長老制とは何か』一麦出版社，2018年，37頁.
〔12〕　マタイ 28：18－20，16：19，18：15－18，その他.

　なお，聖書は，最初の全国教会会議（エルサレム会議）につき，それが使徒と長老により構成され（使徒 15：6），神が聖霊により証明されたところに従い（使徒 15：8），異邦人もただ主イエスの恵みにより救われることを受け入れるべきであるとの指導的発言にリードされ（使徒 15：10－11），それを聖書に基づいて確認し（使徒 15：13－19），聖霊と共なる教会会議の結論として（使徒 15：28）福音信仰の本義を明確にして，主より託された教会の権能を行使したと語る．全国的長老会議（大会）の原型と言えよう．

　上記の重層的長老会議制度は，教会を正しい福音信仰の上に建設し，保持するのに必要な教会の責務と権能が，その内容にふさわしい構成と位置付けの三種の長老会議に託されている仕組みである．しかも各個教会長老会（小会）と全国的長老会議（大会）とがそれぞれの役割を果たし続けるには，その中間に位置する地域長老会（中会）が堅固に形成保持され，その役割が適切に果たされることが肝要である．地域長老会（プレスビテリー，中会）は，各教会の信仰的実情を的確に把握して指導し，各種問題を判定でき，また個人的恣意を交えぬ牧師・長老の相互研鑽を進めるとともに地域的協力伝道をはかりつつ全体教会の権能を下支えできるという意味で，全体の中核的存在である．

　この長老制度は，それぞれの教会会議（長老会議，小会）がその教会的権能にふさわしく組織されているので，それぞれ適切な決定をし，かつそれを実行しうる構造である．仮に各長老会（小会）の決定に誤りがあれば，平等な者の会議体としてその中で是正が可能であり，また他の長老会議によりチェックされ，是正へと進む可能性が高いこと，つまり聖霊の働きを妨げることが少なく，御言葉による教会の正しい権威と正しい決定を回復しやすいことであり，これらのことを認識しつつ重層的長老会議制度が運用されるとき，それは，見える教会において，キリスト支配を貫きつつ公同教会につながる一つなる教会の形成をめざすのに，簡素にして強靭な構造ということができよう．

　ところで，旧日本基督一致教会および旧日本基督教会においてほぼ同様の制度がとられたが，それぞれ（a）小会，（b）中会および（c）大会とよんだので，以下，文脈に応じてこの呼称を用いるが，ここに言う「会」は教会の意味で，それは右に述べた伝統的長老制度同様，それぞれ固有の教会的権能が認められていたからである．それに比し，教団の教憲では，中会に相当するごとく見える教区を教会の地域的共同体に止めて，それに固有の教会的権能を認めていない（同第 6 条）．教団内にあってキリストの体なる真の教会形成をめざす者は，教団のこの現実を認めつつも，なお，その中で各個教会内部に留まらず，広く高く遠い視野をもって上記のような伝統的長老制度をめざすことが求められる．したがってまた，長老は各個教会長老会（小会）の一員というだけでなく，これらの三層構造の長老会議全体に仕えるとの自覚をもたなければならないことがわかる．

（3）長老会（小会）の責務と権能
　ここでは，前項の（a）に相当する各個教会長老会（以下，長老会［小会］という）に焦点をしぼって，論じることにする．
　まず，長老会（小会）の責務と権能ということであるが，責務は主とその教会に仕える意味での責務であり，権能は主より託された教会的権能の意味である．ここで「仕える」は主にのみ聞き従うことと，主にならって仕えることにより教会を治めること（マルコ 10：43－45）とを意味し，その仕えることの上に，授洗や戒規執行等の教会的権能を主より直接に許されている．つまり，その権能は長老会（小会）に固有のものである．かつて，パウロとバルナバが第一回伝道旅行の帰路，教会毎に長老たちを任命したとき，「断食して祈り，彼らをその信ずる主に任せた」（使徒14：23 以下）とあるが，長老たちつまり長老会（小会）は，直接に主に聴き従い，その導きを受けるべきものであり，それによりその教会的権能が許されたということであろう．

　このように，長老会（小会）の責務と権能は直接に主より信託された固有のものであり，教会総会から委任されたものではない．つまり，長老会（小会）は教会総会の委任による委員会とは全く異なるもので，教会総会は，長老会（小会）の解散を決定したり，その執行した洗礼を無効としたりするなど，長老会（小会）の存否と固有の権能を多数決をもって左右することはできない．よく，長老制度は代議政体であると説明されることがあるが，長老会（小会）が教会総会の代議機関との誤解を与える意味で，不適切な表現である．

　教団法（教憲教規）のもとでは，本来的な教会権能以外に，教会運営を適切に進めるために長老会（小会）に認められる権限もある．それも含めて長老会（小会）の責務と権限は，ほぼ次のとおり．①福音が聖書に基づき信仰告白を規範として正しく説かれ，また正しく聴かれるために配慮し，礼拝のために適切な準備をすること．②聖礼典を正しく執行すること．③洗礼および信仰告白の志願者につき試問をおこない，承認し，洗礼等の準備をすること．④教会員の転入・転出につき決裁すること．⑤牧師及び伝道師の招聘，辞任，解任，謝儀その他の事項につき審議し，教会総会に提案すること．⑥伝道のための具体的計画を立て，またそれを組織的持続的に遂行すること．⑦教会員および求道者を適切に指導し，訓練すること．⑧信徒の戒規を正しく執行し，またその者を悔い改めへと導くこと．⑨教会総会を開き，伝道方針案や予算案等を作成して提出すること．⑩献金の適正な使用に責任をもち，教会の財務を司ること．⑪教団・教区に関する事項および伝統を同じくする教会をはじめ他教会との協力に関する事項を審議し，処理すること．⑫教会員名簿，長老会（小会）記録，教会総会記録，会計簿，財産目録等を正確に作成し，保管すること．⑬教会規則改正につき審議して教会総会に提案すること．⑭宗教法人事項その他教会における重要な事項を処理すること．

　上記のうち，特に①は，説教者を立て，それを支え，説教者のために祈る務めであり，同時にそれは説教を見張る責務でもあって，福音なら

ざるものを説くなど，その他ふさわしくない行状の牧師の解任を発議すべき責務も含まれる．ひたすら主の前にのみ忠実であることが求められているのである．②の聖礼典を正しく執行することは牧師だけの責務ではなく，長老会（小会）の責務であり，権限である．未受洗者配餐をしようとする牧師があれば，長老たちはそれを厳しく諫めて阻止する努力をしなければ，主に対し不忠実のそしりを免れない．③④については，前掲『式文』の「人を教会に入るに当たりては特に心すべし」を想起されたい．⑧の戒規執行は，『式文』の「もし真理より迷い出る者あらば，その誤りを正し」「善導する」務めのためであり，戒規を受けた者の悔い改めのために祈ることなしには成り立たない．これは，⑦の信徒の訓練と一体であって，御言葉の説教および聖礼典と共に教会のしるしとして教会訓練を重視するのが，改革長老教会の伝統である[13]．

(4) 長老会（小会）の会議

長老会（小会）は，上に述べた務め（責務と権限）につき，主が教会の頭として真ん中に立っておられること[14]を信じ，それに支えられて，会議を開いて協議し決定する．このような会議をとおして牧師と長老たちが共働するところに，長老制度の特質が最もよく現れる．

長老会（小会）の会議は牧師（および伝道師）と長老により構成され，すべて同等の表決権をもって協議し，決定する．その場合大事なことは，そこにおける判断の基本的基準であって，それは合理的な実利有効性よりも，信仰職制論的に正しいか，すなわち教理や教会法に照らして正しいかを優先させることである．

この判断を誤らないようにするために，長老会（小会）の議長は——教会総会など教会会議はおおよそそうだが——教理と教会法につき専

〔13〕　さらに聖餐との関わりも含めて，小論「聖餐と訓練戒規 —— その法的側面」（季刊『教会』第83号，2011年，44頁以下）を参照．

〔14〕　マタイ18：20，天国の鍵の権能の授与に続いて，主はこう語られた．

門的訓練を受けた牧師が務めることになっている.

　また，各長老もその議事運営に協力して，共同で適正な判断に達するよう努めなければならないし，何よりも長老会議（小会）の内外においていわゆる個人プレーをすることは，絶対にあってはならない．信仰職制論的に正しい判断に達し，またそれを維持するように長老会（小会）が共同して取り組むためには基本的一致が必要であるが，それは信仰告白と教会的伝統における一致であることを，長老は常に自覚していなければならない．

(5) 牧師と長老の関係

　これはくり返すまでもなく，主とその教会に仕えることにおける関係であるが，私はこれを「長老は牧師を補佐し，牧師と共に主とその教会に仕える」と表現する．[15]たとえば，教規第98条では「役員は，教師を補佐し，教会の教務に奉仕する」としており，旧日本基督教会憲法（1920年改正）第9条も同旨であったが，日本国キリスト一致教会政治規則第四章は，「治会長老……ノ職務ノ権ハ只会衆ヲ綜理スルノミニ在リ．然レドモ此ノ職務ニ就テハ宣教長老ト同輩タリ．治会長老ハ……宣教ハ其責任ニ非ズト雖モ会ヲ治ルトキ牧師ヲ助ルガ如ク之ヲ助ケテ宣教スベシ」と明記していた．ここで「治会長老」とは今日でいう長老のことであり，「宣教長老」とは牧師のことで，牧師は長老の一人と解するのが改革長老教会の認識である．ともあれ，このように，牧師の中心的務めである説教と聖礼典については，長老は牧師を補佐する務めを負い，広く礼拝，伝道および牧会については，長老は牧師と共同して奉仕するものと理解する．もちろん，その共働奉仕は，長老会（小会）の協議決定に従って展開すべきものである．

　では，御言葉の働きについての補佐とは，具体的にどういうことか．

---

〔15〕　前掲小論「教会規則」（下）に掲げた「モデル教会規則」第4条第2項．

牧師は礼拝において「説教を聞かせるだけでなく，一般的に教えた教えでは十分効果を挙げることができない場合に，それぞれの家を訪問して，戒告し，勧告すること[16]」が大事なこととして指摘されているが，その場合，信仰経験に富む長老の「愛と徳とをもって」（前述の式文）する勧めや諭しがよき補佐的働きとなる．しかも，それは，説教により御言葉を正しく聴き取り，その「信仰と善行とにおいて会衆の模範」（前述の式文）となることを伴ってこそ力のある働きである．また，このような長老たちの会議体が決定する戒規であってこそ，悔い改めへと導く力をもつのである．

　次に，説教等につき牧師に対する長老の補佐的助言としては，アポロに対するプリスキラとアキラの助言による補佐が想起される（使徒18：25−26）．その助言は，何よりも牧師の説教をよく聴き，そのために熱心に祈ることを伴うものであり，また信徒への勧めや諭しと同様，日常生活において御言葉を証しするところから出るものである．

(6) 基本的職制としての長老会（小会）

　最後に，改革長老教会においては，ある礼拝集団が教会を設立できるようになるのは，長老会（小会）を形成できるようになったときで，長老会（小会）は始源的組織であり，また教会の存続にとって長老会（小会）は不可欠であり，そして，長老会（小会）を中心に長老会（小会）から権限を託されるしかたで，教会のいろいろの奉仕の組織が作られる．つまり，長老会（小会）は教会の中心的組織であり，基本的職制ということができる．これまで述べてきたように，殆どすべての教会的権能が長老会（小会）に託されているので，基本的職制となるのは当然であるが，では，長老会（小会）は教会総会とどういう関係に立つか．

　旧日本基督教会では，初め長老選挙のために特別の会議をするとし

---

〔16〕　カルヴァン，前掲書，Ⅳ・12・2. また，澤，前掲書，45頁.

（1890 年規則第 15 条），後に教会総会で長老選挙をすると定めた（1920 年規則改正）．教団の教憲第 7 条では教会総会が最高の政治機関とされているが，その実質も牧師招聘の決定と長老の選挙にあるというべきである．教会総会の重要審議事項とみられる伝道計画や予算の決定などは教会員の教会への各種奉仕（献金も含む）の統合のためであり，教会的権能の大部分は長老会（小会）が果たすのである．このような会議体としての権限の実質から長老会（小会）の教会総会との実質的関係を理解すべきであろう．

　こうして長老会（小会）は，頭なる主の前に決して崩れてはならない教会の核となる存在で，その実質は信仰告白の一致において結束する教会的共同体（小会）であり，これはさらに前述の中会・大会へとつながる意味でも，教会の基本的職制なのである．

4　長老選挙の指針と長老の訓練

　このような長老会（小会）の一員として長老の地位と務めを理解すれば，いかなる信徒が長老にふさわしいか，自ずから明らかであろう．

　「長老は信仰経験に富むとともに，この教会の信仰告白と伝統に忠実であり，礼拝を厳守する者でなければならない」．これは，私がかつて作成した「モデル各個教会規則」に記した一文であるが[17]，このような賜物を与えられている者，否，このような賜物を与えられることを常に祈り続ける者でなければ，長老としての務めを果たすことは困難であろう．実際には，この一文にふさわしい人がいるかの疑問もあろう．

　ただ大事なことは，これは長老選挙の指針である．教会員の間にこのような者を長老に選出しようとの祈りと熟慮が充満していくとき，教会は必ず次第に祝福されていくのである．教会が立つも倒れるも，この祈

---

〔17〕　前掲第五部「モデル各個教会規則」第 27 条第 2 項．

りと熟慮にかかっていると，私は考えている．

　それとともに，これは，長老に立てられた者の自己鍛練ないし訓練の目標でもある．つまり，長老の務めのためにはどのように鍛練されるべきかを示す指標である．

　長老の自己鍛練については，前述の式文の「常に聖書を研究し，祈りを怠るべからず」とそれに続く部分が，ほぼそのすべてを尽くしている．さらに付け加えるならば，日頃，教理的教会論的に正しい判断をするように心掛けること，努めて教会員をよく知ること，すべてよく聴き，自分の意見は謙虚に辛抱強く述べること，とりわけ牧師に対してそうであることである．そして，主に対する忠実，主のゆえの忍耐，主による勇気である．そのように努める中で，「治むる者は心を尽して治め」（ローマ 12：8，文語訳）ることが可能となろう．

　もちろん，自己鍛練には人間ゆえの限界がある．教会的訓練を教会の第三のしるしとする改革長老教会は，長老の訓練を最重要視し，それを各教会内での訓練に止めず，プレスビテリーの重要な役割として展開する．上述の長老会（小会）の地位と務めからみて，これは当然であろう．教団にあっても，改革長老教会としての信仰告白と伝統を重視し，教会形成の志を同じくする諸教会は，共同の長老訓練に取り組み，計画的に進めることが強く求められている．

5　結びにかえて

　あの日，エフェソ教会の長老たちは，使徒パウロが遠く去った後も主の教会として揺るぎなく立ち続ける責務を覚えて，パウロの説教に耳を傾けた．使徒言行録 20 章 17−38 節からの学びである．

　今この小論を終えようとする筆者に，特に「あなたがた自身と群れ全体とに気を配ってください」（使徒 20：28）が強く響く．長老は，そのために教会の「監督者」に任命されている．「監督者」とは「上にあっ

てまたは前に立って見張っている者」の意である. 今日, 教団においては, 福音ならざる思想や主張が声高に行き交い, 聖礼典の乱れも意に介さない風潮が見られ, 「夜」ともいうべき状況に見えるが, それでも, ほかならぬ主が先頭に立って見張り, 「寝ずの番」(出エジプト 12：42) をしておられる. その主に従い行こうとする教会にとっては, 神とその御言葉への信頼のみが支えである. 御言葉にのみ「あなたがたを造り上げ〔教会形成〕, 聖なる者とされたすべての人々と共に恵みを受け継がせる」力がある, と聖書は告げる (使徒 20：32). どんな状況に置かれても, 御言葉の力を信じて「受けるよりは与える方が幸い」(使徒 20：35) であることを喜びつつ, 長老としての務めに励みたい.

　主の教会を支える長老とは, 主の御言葉には力があると信じる長老であり, 己れを誇らず, 支えたもう主を誇りとする長老である.

〔本論は, 当初『季刊教会』第 86 号, 2012 年に発表されたものである〕

長老教会における教会総会の役割

1 はじめに

　本稿は，東京改革長老教会協議会の依頼による講演[18]の原稿に加筆したものであり，依頼者から提示された講演題をそのまま本稿の標題とし，それに応じて展開する．今日の教会において，教会会議とりわけ教会総会が，主への感謝に溢れて生き生きと信仰的行為として創造的に，その務めを果たしているであろうか．教会総会が生気を失っている教会は，停滞する．そのことを思いつつ，標題の「長老教会における」「教会総会」「役割」の一つひとつを見つめ，教会総会は何のためにあるかにつき祈りつつ考えたところを記すことにする[19]．

　およそ主の教会に関しては，世の団体や集会の例を引きつつ世俗的合理性によって答えを組み立てようとするのは，出発点から的外れである．特に教会総会のことを考えようとするとき，総会が皆が集まって議する形の集会だけに，私たちはこの陥穽に陥りがちである．むしろ，大事なことは，教会のことについては，徹頭徹尾，信仰の事柄として考えると

---

〔18〕　東京改革長老教会協議会の信徒のための講演会，2013 年 9 月 29 日（日），於・芝教会．

〔19〕　テーマの関係上，本稿は，拙稿「召され託された長老の務め」『季刊教会』第 86 号 4 頁以下および小著『主に召され仕える信仰告白共同体』東京改革長老教会協議会パンフレット 12（2011 年 1 月刊）などで述べたことがベースになっている部分もあるので，全体としてそれらを参酌していただければ，幸いである．

ころから一歩も外れてはならないことである．その意味で，教会総会の
役割についての考察は，主の御言葉に従って教会の秩序ないし教会法の
要を確認するところから始めなければならない．

2　教会総会の基礎にあるもの ── 長老教会の組織法

　一般に，法ないし秩序について考察しようとするとき，肝腎なことは
その目的である．それを明確に把握して，それに沿うように考察を進め，
あるいは解釈することである．教会の法，特に教会組織法の場合も同じ
である．

　では，教会組織法の目的は何か．それは，主キリストより命じられた
使命を主のみ旨に適うように，主の御言葉に従って果たすということに
尽きる．教会の社会的使命が第一命題のごとく挙げられることもあるが，
採らない．

　ここで私たちは，復活の主が仰せられた次の御言葉を想起しなければ
ならない．「わたしは天と地の一切の権能を授かっている．だから，あ
なたがたは行って，すべての民をわたしの弟子にしなさい．彼らに父と
子と聖霊の名によって洗礼を授け，あなたがたに命じておいたことをす
べて守るように教えなさい．わたしは世の終わりまで，いつもあなたが
たと共にいる」（マタイ 28：18−20）との御言葉である．この主の御言
葉に従い，主キリストが，小さな弱い器にすぎない私たちを信じて託し
てくださった鍵の権能（マタイ 16：16−19），すなわち教会的権能を忠
実に行使して，主より命じられたこの使命を果たすこと，またこのこと
に最もふさわしい教会の秩序ないし組織法を保持できるように努めるこ
と，これが，改革教会，すなわち「御言葉に従って絶えず改革される教
会」としての教会形成をめざす私たちが，教会総会について考察すると
きの基本である．

　では，その目的にふさわしい教会組織の基本型は何か．ここでも私た

ちを導くのは主の御言葉であって,「二人または三人がわたしの名によっ
て集まるところには, わたしもその中にいるのである」(マタイ 18：20)
と告げられているように, それは主を中心とする会議体である. この聖
書の御言葉は, 祈りと礼拝についての導きの御言葉でもあるが, それが
同時に教会の会議を根拠づけ, 意義あらしめ, 支えるのである[20]. すな
わち, 教会会議は, 教会の唯一の主権者は主であり, その主が現臨して
おられると信じ, その召集に応える集会であり, 主から命じられた使命
のために主から託された教会的権能を正しく行使するための会議である
との認識が肝腎なのである.

　それゆえ, 教会会議は, 主より託された務めを果たし, その教会的権
能を行使するのにふさわしい議員構成による会議体になっていなければ
ならない. そこでまず, その会議体は, 御言葉の働き人として召され,
教理的訓練を受けた教師と, 信徒の中から選ばれ, 信仰経験に富み, 信
仰告白と伝統に忠実であり, 礼拝を厳守する長老とにより構成されると
する. そして, 行使する教会的権能の内容ないし種類に適合するメンバー
構成の会議体とするために, この両者の関係を重視して, 次のような重
層構造の三種の長老会議を, 改革の歴史の中で生み出し, 長老教会が堅
固に形成されてきたのである. すなわち,

　① 第一に, 礼拝 (聖礼典) を正しく保持し, 伝道を主導的に推進して
洗礼を授け, 信徒の訓練と戒規執行等の牧会にあたる務めおよびそのた
めの権能は, 主日礼拝を共にし, 日常的な伝道と交わりの共同体である
各個教会の長老会 (小会) に属するとし, 長老会 (小会) はその教会の
牧師と複数の長老から成るとする.

　② 第二に, 教師を派遣し, 各教会を建設し, また指導支援し, 教会
間の伝道協力を図り, 牧師・長老の訓練をする務め及びそのための権能
は, 一定地域内にある複数の教会から成る地域教会長老会 (いわゆるプ

---

〔20〕　カルヴァン『綱要』Ⅳ・9・2.

レスビテリー，中会）に属するとし，それは，各個教会の牧師と各個教
会が選出する長老1，2名により構成されるとする．この「一定地域内」
とは，各個教会が相互にその礼拝，伝道，牧会等教会形成の実態を理解
しあい，日常的に交わりをもつことのできる地理的範囲内という意味で
ある．

③そして，信仰告白を宣明して正しい教理を堅持し，礼拝指針と教
会制度を整え，プレスビテリーを建設・指導し，教師を養成し任職する
務めおよびそのための権能は，全体教会の全国的長老会議（大会）に属
するとし，それはすべての地域教会長老会（中会）構成員によって構成
されるとするのである．この全国的長老会議（大会）は，歴史的にはプ
レスビテリーが複数組織されるにいたれば組織される．

以上，三層構造の長老会議は，教会を正しい福音信仰のうえに建設し
形成するために必要な責務と権能が，それぞれふさわしい構成の長老会
議に分割信託される構造になっている．そして，その中でもプレスビテ
リーが，その置かれている位置と務めの内容からして，実際的に長老教
会を保持し機能させる中枢的役割を果たしていく．

このような構造の教会会議制は，歴史的にはフランス改革教会（1559
年）に始まり，名称や構造に若干の差異はあるが，いわゆる改革長老教
会において採用され，合衆国およびスコットランドの改革派・長老派の
系譜をひく日本基督一致教会および日本基督教会は，①に相当する教会
会議体を小会，②のそれを中会，③のそれを大会とよんだ．これらは，
地域的大小・広狭の関係によるのではなく，それぞれの教会的権能の違
いのゆえに重層的関係に立ち，全体として一つなる教会としての責務と
権能を担い，主の前に忠実にその使命を果たすことができるとされてき
たのであり，上述のキリスト中心の教会観に最もふさわしいものと言え
よう．

一般に世俗社会では，三権分立が最も優れた政治構造とされているが，
キリスト支配に服し，信仰職制論的判断を優先すべき教会では，むしろ

このような重層的長老会議の政治構造が適切だと言うべきである．これは一見複雑そうに見えるが，キリストの体なる教会の形成に向けて，簡素にして強靭な教会会議制である．すなわち，それは第一に，それぞれの長老会議がその権能にふさわしく構成されているので，頭なる主の御旨に適う教会的判断をするのに適していると考えられること，第二に，そのような構成なので，それぞれの会議の決定は教会的権威をもって実行され得ること，第三に，各長老会議（小会）の決定がもし不適切であれば，監督制でなく平等者の会議体であるから，その会議体の中で是正が可能であること，および他の長老会議によってチェックされ，是正へと進む可能性が高いこと，つまり聖霊の働きを妨げることが少なく，御言葉による教会の正しい決定と権威を回復しやすいことの三点において，堅固強靭な教会制度と考えられる[21]．

　日本基督教団における改革長老教会協議会は，教団のうちに主の体なる教会を形成するには，このような長老教会的教会会議制によるのがよいと考えている．日本基督教団の教団，教区，教会という三層の仕組みは，ここに述べた長老教会的会議制と必ずしも一致するものではないので，協議会参加の諸教会は，教団の中にあって，改革長老教会の伝統に立って，その「歴史的特質」の尊重されるべきことを主張し，その伝統についての理解を広め，教会間の交わりないし協力連帯については地域長老会（厳密な意味での地域教会長老会［中会］ではないが）の育成を進めて，主の体なる教会の形成に努めることが期待される．

　ともあれ，上述のように長老会（小会）が各個教会において教会的権能を行使する中核的組織であることを踏まえるとき，教会総会はどのような役割を担い，いかなる働きが期待されているのか．

---

〔21〕　小著『生ける石とされて』（1999 年，金沢教会頒布），100 頁以下，および拙稿・前掲『季刊教会』7 頁参照.

3 教会総会の基本的な役割と長老会（小会）

　私は，かつて長老を務めた金沢教会の歴史書を二度執筆したが[22]，史料発掘をしながら教会史を子細に調べる中で，多くのことを学んだ．特に，長老制度を歴史の中で働くものとして捉え，学ぶことができたことは感謝である．そこから長老会（小会）と教会総会の関係を探ってみることにする．

　金沢教会の建設は，1879（明治 12）年，アメリカ北長老教会宣教師トマス・ウィンを中心とする北陸伝道団の金沢伝道に始まり，翌年 9 月，信徒 13 名の「金沢教会願」を受けた日本基督一致教会中会 —— 当時は一中会であった —— は，10 月 4 日，金沢教会の建設をすることを決定し，その建設式が 11 月 28 日におこなわれることになったが，その当日，「長老執事の投票（いれふだ）をも持参せしが，……中会の委員来らず」[23] —— 当時の交通通信事情のためか —— ，未信者も含めて 100 名ほど集まったが，長老執事の選挙と建設式は延期となり，伝道集会に切り替えた．この委員とは，中会から派遣されて，長老の任職按手をして教会建設をする委員のことである．そこで改めて中会と協議して，建設委員の来訪を待って，翌 1881 年 5 月 1 日，洗礼式・長老按手式を含む教会建設式をおこなって，金沢教会は建設された[24]．

　ここに金沢教会は，教会建設を半年待つことによって，教会と長老会（小会）と教会総会の関係につき次の三つの基本的なことを学ぶ恵みを与えられた．これがその後，130 年余の金沢教会の歴史と伝統を支えたと言えよう．

---

〔22〕『金沢教会百年史』（1981 年発行）第 5 章から第 9 章の執筆および『百年史』の全面的補正を兼ねた『金沢教会百十年史』（1997 年発行）の執筆．
〔23〕『七一雑報』5 巻 51 号，3 頁．
〔24〕『金沢教会百十年史』15，16 頁．

①教会建設（設立）は中会（教会）の教会的権能に基づく決定によること．つまり，信徒有志が集まって設立を合意しても，教会建設とはならないこと．

②礼拝集団が長老を選出して長老会（小会）を形成できるようになることが，教会建設の基本要件であること．

③信徒が集まって長老選挙をすることが，今日の教会総会の基本型であること．

次に大事なことは，牧師招聘の時のことである．1885（明治18）年4月，青木仲英が初代牧師に招聘され，就任した．「比時教会は微力ながらも自立のものとなり」と，『金沢教会略史』（1891［明治24］年刊）は記している．それまでのウィン宣教師は仮牧師で，その給与はミッションから出ており，ここで初めて教会は牧師謝儀を負担できることになったからである．「教会側は会員の集金（献金）は確保できるかを調査の上，……二回にわたり，牧師として迎えるか……について会衆にはかって，……牧師として招くことを投票によって決した[25]」．小会（長老会）は，教会総会を開催して牧師招聘を提案し，審議決定したのである．ここに「調査」とあるのは，長老たちが会員を戸別に訪問しておこなったもので，その実質は牧師職とささげる信仰についての信徒訓練（教育）であったと言えよう．

上述のところから，私たちは，教会総会の基本的役割は，長老を選挙し，牧師招聘を決定すること，および献金を含む教会員一人ひとりの諸種の奉仕の一致総合をはかることの二つであると確認できる．教会総会で年度伝道計画や予算を決定し，決算その他の諸報告を受け，開拓伝道や教会堂建築を審議するのは，教会員の諸奉仕を計画的に総合し，さらに献金し，奉仕する信仰を高め合うという教会総会の大切な役割を果たすためである．教会総会の二つの基本的役割のうち前者は，教会権能行使の

---

〔25〕『金沢教会百十年史』43頁．

責務と権限を有する長老会（小会）を立てることであり，後者は，教会がその責務と権能を尽くして主の体なる教会を形成することに各信徒も参加し，共に奉仕することであり，教会総会は基本的にこの二つをその役割として，教会の頭なる主に仕えていくのである．

　実は，当初は教会総会という用語ないし観念がなかったが，上述のような理解が深まる中で，教会総会に関する規定も整えられてきたとみることができる．それにつき略述する．まず，日本国キリスト一致教会政治規則は，小会の規定とは別に，第13章「各教会ノ処置スベキ事」を定め，その一に「教友集リテ己ガ教会ノ俗務ト其会衆ノ益ニ係ルコトヲ議リコレヲ決定スルハ当然ノ事ナリ．但教法ト政治ト懲戒ノ事ハ役者〔牧師のこと〕ト長老ノ会ニ係ル故ニ此ノ三ノ事ヲ議ルヲ得ズ」とし，その二に「教会ノ集リニ処置スベキ事ハ即チ左ニ掲ルガ如シ．牧師ヲ推挙スル事，会吏〔長老・執事のこと〕ヲ選挙スル事，金銀ノ出納ノ方法ヲ定ムル事，牧師ノ謝金ヲ定ムル事，教会ノ為ニ地所或ハ家ヲ借リ或ハ買入ルル事（以下，略）」となっていた．この「集リ」が今日の教会総会に相当する．この政治規則は長老派ミッションと改革派ミッションの宣教師の手に成る英文のもの（Constitution）の翻訳であり，アメリカ大陸に1706年に最初のプレスビテリーを結成したアメリカ長老教会の憲法・規則（Form of Government）に拠っている．[26]　次いで，「日本人の手で」ということで宣言された「1890年信仰の告白」とともに定められた日本基督教会規則（1890年）の第21条「諸教会事務章程」は，「牧師・長老・執事・安息日学校長の選挙，所有物の売買，月給の定額等」のために「年会」の会議を開くとし，さらに1920（大正9）年の憲法規則改正は旧来のものを大きく改めて，憲法第4条に小会の教会的権能として前項2の①とほぼ同様のものを列挙し，規則第22条に定期教会総会の規定を置き，「牧師・

---

〔26〕　この英文は日本基督教会歴史編纂委員会編『日本基督教会歴史資料集（二）』，1975年に「日本基督一致教会憲法英文原本」として復刻されている．なお，同資料集（二）に付された幸日出男「解説」を参照．

長老・執事・日曜学校長の選挙，財産の管理，予算の決定その他の事務」
を執行するとした．明治期の教会は，多くは，教会財政につき予算を立
てることをしていなかったようであるが，大正時代に入ってようやく予
算を立てるようになり，予算決定との関係で年度定期教会総会が定着し
ていったとみることができる．

　ところで，合同した教団は，戦後，宗教団体法がポツダム宣言受諾に
より失効したことにより，その桎梏から逃れて新たに教憲を制定し（1946
年 10 月），統理制および各個教会レベルの教会主管者制度を廃して「会
議制によりその政治を行う」（第 4 条）とした．この「政治」とは，根
本的には教会権能の行使についての意思決定の意味と解すべきで，国の
政治のような世俗的な意味に解してはならない．次いで，教憲は，教会
につき教会総会が最高の政治機関であると規定する（第 7 条）．しかし，
教規第 102 条が，役員会（長老会，小会）の処理すべき事項として，礼
拝および聖礼典の執行，伝道および牧会，信徒の入会，転入および転出，
信徒の戒規，牧師・伝道師に関する事項，予算・決算等の教会総会に提
出する議案に関する事項を定めていることは，主な教会的権能は上記の
小会と同様に長老会（小会）が行使することを明確にしたものである．
もっとも，教会総会の処理すべき事項として教会規則の変更（教規第 97
条第 3 号）と教区総会議員の選挙（同第 8 号）の二つがあげられているが，
長老教会の伝統を踏まえて考えれば，教会規則の変更や教区総会議員の
選出はまず長老会（小会）で審議し，その具体的な提案を受け入れるし
かたで，総会が承認し決定する方式をとるのが妥当であろう．[27]

　このようなわけで，教会総会が最高の政治機関とされていることを
もって，この世の民主主義により教会政治をおこなう意味であると解し
てはならない．民主主義の教会すなわち民の多数意思が支配する教会で

〔27〕　この箇所をはじめ本稿における教憲・教規に関する論述については，
　　　拙稿『教憲解釈集』（『宣教』648 号〜 721 号）および『教規解釈集』（『宣
　　　教』690 号〜 721 号）の関係箇所を併せて参照されたい．

はなく，キリストの主権に服して，教会権能を忠実に行使する教会でなければならないからである．教会総会の問題を考えようとするとき，民主主義の主張は魅力的であり，それに傾きがちなので，このことを強調しておく．

　加えて，教会総会に期待される基本的役割につき歴史から学ぶ大切な教訓として，日本基督一致教会時代の次の中会記録（抜粋）を紹介する．これは，ある教会の建設の件につき実況取調委員を設け，その委員たちに教会建設の許否の権限を授けることにした時になされた中会決議である．「少クモ左ノ箇条ヲ欠クモノハ認可スベカラズ．第一，会吏〔長老・執事のこと〕タルベキ人物アルコト．第二，一切自給ノコト，但シ直チニ自給ノ資力無キモ其精神信徒一般ニ充満スル場合ニアリテハ妨ゲナシ．第三，仮令他ヨリ一切ノ補助ヲ断ッテモ主ニ在リテ団結スル赤心アルコト〔28〕」．これは新教会設立につき決議したものであるが，長老教会の教会形成論の基本を明示している．これを過ぎ去った時代のものと看過してはならない．この三箇条において信徒一同に求められているものを生み出し，充足することこそ，いつの時代も教会総会の使命である．そしてしかも，上述した長老会（小会）と教会総会の制度的関係を保持する中でこそ，この総会の使命を堅実に果たすことができる，と私は考えている．

4　教会総会に関する実際的諸問題

(1) その構成と組織について

　教会総会は牧師等担任教師と現住陪餐会員により構成される（教規第94条）．現住陪餐会員とは，旧日本基督教会規則第22条に「その地に在

---

〔28〕　1887年（明治20）年4月22日開催の第4回浪花中会記録（大洲教
　　　会建設の件）．

留し現に聖餐に陪する会員」とあった者のことで，これは，教会総会が一つなる礼拝と聖餐を踏まえてなされるべき会議であるためである．しかも，前記の自給の精神の充満も「主ニ在リテ団結スル赤心」も礼拝においてのみ養われる．総会招集にあたり現住陪餐会員名簿を確定するのは，長老会（小会）である．教規にはこの旨の規定はないが，礼拝・聖礼典の執行，信徒の入会・転入・転出，戒規執行，そして広く信徒の牧会にあたる長老会（小会）が議員資格を認定するのは当然である．

　次に，総会議長に牧師がなる（教規第96条第2項）のは，総会の会議が教理と教会法に照らして誤りなく進められるためである．また，教会総会の書記は役員（長老）の中から立てるとなっているのは（同第3項），長老教会にとってこそふさわしいことで，長老会（小会）が総会の会議を実務的にも細部にわたってリードできるようにとの配慮からと言えよう．これはまた，総会議事録の確認を長老会（小会）に委ねることを事実上可能にする．

　(2) 主な審議事項について
　① 長老選挙について
　この場合最も大事なことは，特別に主の導きを求め，主に栄光を帰する祈りをもっておこなうべきことである．教会は「どちらをお選びになったかを，お示しください」（使徒1：24）と祈り求め，選挙の結果を主の御旨であると感謝をもって受け止める．通常，投票前に議長（牧師）が祈る．この投票は，選ぶべき長老の定数に付き全数連記でおこなう．長老会（小会）という奉仕団を立てるのであって，投票者各人の代表を出す選挙ではないからである．長老会（小会）の奉仕の継続性保持のために，長老定員の半数改選をするのが通例であろう．旧日本基督教会規則が選挙総会の定足数を三分の一とし，当選に必要な得票数を三分の二としていたことは，学ぶべきである．

　当選した者は，原則として辞退できない．主のみこころに従うとの信

仰をもってなされた選挙だからである。ただ，当選した者に長老の責務を果たしえない特別の事情がある場合は —— その教会の交わりが表層的である場合は特別事情が理解されないままに選出されることは生じ得る ——，長老会（小会）において辞退を承認するかどうかを判断すべきであって，総会において論議するのは適切でない。長老は総会が任命する委員ではないからである。

②牧師招聘について

教団の教規は，第97条第4号で「牧師，伝道師の異動に関する事項」を教会総会の処理事項とするとともに，同第102条第8号で「牧師および伝道師に関する事項」を役員会（長老会，小会）の処理すべき事項と定めているが，この二条項の関係はどう考えるべきか。これについて長老教会では，長老会（小会）が牧師候補の選考および諸般の交渉にあたり，地域長老会（中会）の紹介，推薦または指導等を受けつつ候補者一名を選考し，それを教会総会に提案してその承認により招聘を決定すると解するのが，妥当である。長老会（小会）は総会で丁寧に説明するように心掛け，もし総会の質疑において重大な問題点が出てくれば，その取り扱いを総会で決めないで，長老会（小会）においてさらに審議し，調整を図ることにする。牧師招聘につき総会で選考委員会を立ち上げて選考にあたらせる方式を取るべきでないことは，言うまでもない。

③牧師辞任について

これも，先ず長老会（小会）の審議を経て，総会の承認をえる。この議案は，長老会（小会）が責任をもって教会総会に提出すべきものであって，辞任を申し出た牧師本人が直接に総会に提出するものではない。総会では，長老会（小会）は慎重かつ簡潔明瞭に説明しなければならない。もっとも，総会で牧師本人の辞任の意思を聞きたい等の求めがあれば，本人が説明する。大事なことは，その説明は牧師としての重要な牧会的行為であり，教会形成に資するように配慮してしなければならないということである。牧師の辞任問題は教会にとって一つの危機であるから，牧師

は自分の辞任問題を自らの牧会的課題と受けとめるべきである．牧師の辞任問題が教会内に分裂を惹き起こすことが間々あるが，牧師本人と長老会（小会）は主の御栄えのために十分の配慮をなすべき務めを負う．それゆえ，この議事に関する総会の議長は，長老会（小会）が長老の中から立ててもよいが，牧会的配慮のため，地域長老会（中会）に属する他教会の牧師を議長に立てることも考えるべきであり，解任の場合（教規第112条）と異なり教規にこの旨の規定はないが，長老会（小会）がその委嘱を決定するならば，それは許されると解する．

④教会財務について

教会の予算・決算その他財務については，伝道計画等と同様，長老会（小会）がその議案または報告を作成して教会総会に提出し，総会において審議のうえ決定または承認する．前述のように，教会員に与えられているタラントを集中して奉仕の教会的総合を図るためである．

教会会計の目的は，経済的に自立して主キリストより託された務めを果たすためであり，牧師・伝道師への謝儀，礼拝，伝道および牧会等に関する費用その他の経費は信徒の信仰に基づく献金によって支弁すべきである．教規第115条第1項は，献金のほか「寄付金および教会財産から生じる果実，その他の収入」も挙げるが，基本は献金である．確かに，資産運用や賦課ではなく，献金によるということは，世俗的経理的には教会財政が不安定にみえよう．しかし実は，教会の財政的基盤を安定にするのは，キリストの体なる教会の信仰のみである．各自，主の恵みによってつながれた教会の肢として，頭なるキリストに仕えてささげる信仰のみである．将来の経済的安定をまず重視するような財務の思想は，教会の信仰を脆弱にする．不動産収入など献金外収入が大きくなるときは，教会にとって一つの危機と受け止めたいものである．予算審

---

〔29〕　拙稿「教会規則 —— その基本的理解と実際的運用（下）」『季刊教会』第67号，32頁所収の「モデル教会規則（試案）」を参照．

〔30〕　前掲『生ける石とされて』109頁．

議は財政安定の見込みをつけるためではなく，財務の面から教会の務め
を確実にし，ささげる信仰を高めるためである．

　教会の財務は，公正・安全・明細に処理されなければならない．会計
担当者には「神を畏れ，熱心に，深い注意をもつて管理出来る人々を選ば」
ねばならないし，「不正，不法，無分別，貪慾によつて，悪弊に陥」る
ことのないようにし，「神聖を潰すような弊害については，誰も眼を閉
じて隠してはならぬ」と説かれているとおりである．[31] この意味で，会
計監査委員（宗教法人法上の監事）の選出も，教会総会の大事な役目で
ある．総じて，会計処理基準に合しているかどうかということ以上に大
切なことは，財務が教会形成に向けて信仰的に処理されているかにつき
具体的な点にまで配慮することである．そして，再度記すが，教会のさ
さげる信仰を健全に保ち，高めることに心を配ることである．

(3) 教会総会における論議について

　教会総会における説明，発言，議事進行その他論議のしかたは，前述
3. の末尾に述べた総会の使命にかかわるものとして，大切な問題である．

　まず，教会総会への提案や報告がよく整理された的確なものであるよ
う，長老会（小会）は配慮しなければならない．総会における質疑や論
議が自ずと整うようにするためである．

　教会総会では何でも取り上げて論議できるか．まず，長老会（小会）
の権能に属することについては，どうか．礼拝の指針や式順，聖礼典執行，
教会員異動，戒規執行その他牧会的決定等につき，総会で質問すること
はできる．ただし，これらにつき長老会（小会）のおこなった決定を否
認または変更することはできない．これら以外の事項については，信仰
告白と長老制度の伝統に従って教会形成を進めることに資するように，

---

〔31〕　第二スイス信條第28章（キリスト教古典双書刊行委員会編『信條集』
　　　後編，新教出版社，1957年，110頁）．

質疑応答し，論議し，総会において一定の方向性を出す決定をすること
ができる．しかし，その具体的確定的なことは，総会の意向を考慮しつ
つ，長老会（小会）の審議において成案を得るように進めるべきである．
なお，総会における質問や論議においては，個人的事情にわたることを
控えるべきことは，言うまでもない．

　いずれにせよ，頭なる主を愛し，主の栄光のために活発な議論がなさ
れて，新しい希望の一歩を踏み出す総会の協議となれば，教会は祝福を
受けるであろう．

　その意味では，議長の発言許可その他の議事運営に従わず，自説に固
執して鋭角的発言を大声でくり返すなどする人がいる場合は，議長はも
とより議員一同も賢明に対処しなければならない．それが総会を妨害す
る意図による内容か方法である場合は，戒規の問題となろう．そのよう
な意図がなくても，その発言が世俗的価値観によるものであって，1，2
の同調者を得ると，党派性を帯びてくることもよくあることである．本
来，会議を有意義に進めるためには，皆で良い結論を打ち出そうとの協
力の姿勢が漲っていることが肝腎で，発言者は要点をわかりやすく話し，
聴く者は片言隻句ではなく，発言趣旨とそのもたらす結果を理解するよ
うに努めなければならない．その上，最も大切なことは，総会議員の中
に会議に対する節度があることであり，また議員全員相互の間に信仰に
よる交わりがあることである．教会の信徒は総会で何を論じてもよいわ
けでも，どんな発言をしてもよいわけでもない．そこには教会の頭なる
生ける主が立っておられる（マタイ 18：20）．

　総会における長老の言動は，いかにあるべきか．実は，長老は総会の
会議中も長老会（小会）の一員として行動すべき立場にあり，長老会（小
会）の基本的意向に沿って，論議されている事項につき担当長老があれ
ばその助力をし，教会員を導き，励まし，または戒める発言をするよう
に心掛けなければならない．もし不幸にして総会が混乱に陥ったときに
は，一時休憩にして長老会（小会）において協議し，その事態に対する

長老会（小会）としての見解を明確にして，主のみむねに適う方向に総会をリードすることに努めなければならない．長老会（小会）は，総会開会中も固有の責務と権能を託されているのであり，総会が混乱する時にこそ，その堅実な指導力が求められるのである．まして，一長老が自分一個の正義感等から一教会員として発言するのは，まさに個人プレーであり，それにより総会を混乱させるようなことがあってはならない．

5　結びに代えて

教会総会について考えてくると，やはり，教会とは何かにいきつく．はじめに述べたキリスト中心の教会観につき，一つの比喩を記しておく．紙の上に砂鉄を撒くといろいろの方向を向いてバラバラであるが，その紙の下に磁石を置くと，砂鉄は磁石につながり，また相互に結びつき，いずれも磁石の方を向いて，磁石を中心にきれいな秩序を保って拡がる．紙はこの世である．砂鉄は人間であるが，キリストである磁石がそこに臨むとき，砂鉄は生きた石とされ，キリストに固く結ばれた信徒となり，相互に結びあう堅固な秩序をもった教会がそこに現出する．磁石の場合，そこに磁力が働いており，磁場が形成されているのであるが，磁力は聖霊であり，磁場は見えない教会であろう．そして，砂鉄はすべて一様に磁石の方を向く．教会の信仰告白に忠実に一つとなって主に祈る信徒の群れをそこに見る思いがする．そしてそれは，どんなに揺さぶられても，崩れそうになることはあるが，磁石を中心に柔軟にも強い結合の秩序ある群れに必ず回復する．

ここで再度，金沢教会の歴史を顧みるとき，1897（明治30）年の定期総会の記録は貴い．財政困難の中で伝道は進まず，ミッションの援助も期待できないことが明らかとなった総会で，一青年が会衆に訴える．「教会ノ維持ハ会員各々ノ負担スベキモノナルヲ以テ，会員ノ全体ハ出金〔献金のこと〕ヲ増額シテ教会ヲ維持スベシ．又振ッテ伝道モナスベキナリ」

と，この発言に次々と賛同の意見が表明され，「時ニ水登氏〔長老〕，斯ハ神ノ恵ヲ教会ガ蒙リタルヲ以テ，二十分間感謝ノ祈禱ヲ成ス事ヲ発議シ，全会之ヲ可トシ祈禱会ヲ開キ，熱心ナル祈禱感謝アリ」と記されている[32]．これが教会総会である．

　教会員一人ひとりが，キリストと教会の関係，長老会（小会）を中心とする教会の基本的秩序および教会総会の役割につき適正な認識をもつように努め，教会総会において活発に議論し，共に熱心に祈るとき，主は祝福をもってより高次の教会形成へと導いてくださるであろう．

〔本論は，当初『季刊教会』第 94 号，2014 年に発表されたものである〕

---

〔32〕　『金沢教会百十年史』111 頁，カタカナ文は総会記録のまま．

〈意見書〉違法聖餐と戒規およびその手続きについて

　本訴原告は，日本基督教団教師としてその担任する教会において違法な聖餐をおこなったことにより教師免職の戒規を受けたことに対して，不当に牧師の地位を奪われたとして本訴を提起していますが，この問題は教会の教義とそれに基づく教会固有の秩序にかかわることであり，裁判になじむものではなく，また原告の主張は全く的外れであることをご理解いただくために，この問題の根本にある聖餐および戒規，殊にその執行手続きの信仰的意味を以下において説明し，原告の本訴主張が取り上げられ，あるいは容認されるべきものではないことを申し上げます．

1　教会の福音信仰と聖餐について

　まず聖餐について基本的なことを記します．それは，聖餐がキリスト教会の信仰の生命線であること，それゆえ，聖餐についての歪んだ理解とその執行は，教会として決して見逃すことができないことをご理解いただくためであります．原告が免職の戒規を受けるに至ったのは，根本的に，聖餐についての誤った認識から発しています．

　日本で最初に福音信仰を言い表した 1890 年の「日本基督教会信仰の告白」は，「凡そ信仰に由りて之〔主耶蘇基督〕と一躰となれるものは赦されて義とせらる」と福音による救いの本義を告白しています．聖書にある「わたしはぶどうの木，あなたがたはその枝である．人がわたしに

つながっており，わたしもその人につながっていれば，その人は豊か
に実を結ぶ」（ヨハネによる福音書 15：5）との主の御言葉のとおりです．
同様に，宗教改革者カルヴァンが作成した「ジュネーブ教会信仰問答」
問 365 の答えは，「なぜなら，神は洗礼によってわたしたちを教会に導
き入れます．わたしたちを受け入れた後，神は，聖餐によって引き続き
わたしたちを養おうとしていることを示しているからです」（RCSF Ⅰ，
515 頁）と語っています．洗礼と聖餐は，教会を通しての救いの御業の
真ん中に位置付けられているのです．

　使徒パウロは聖餐について，「わたしがあなたがたに伝えたことは，
わたし自身，主〔イエス・キリスト〕から受けたものです」（コリントの
信徒への手紙一 11：23）と述べ，「このように行いなさい」との主の御言
葉を伝えています（同 24−25，またルカによる福音書 22：19）．主ご自身
が聖餐を定められたのです．このことは，全キリスト教会の聖餐の信仰
的認識の要です．主は，しかも最後の晩餐においてこれを定められまし
た．十字架の贖いによる新しい契約の確証という聖餐とその制定語の意
義も，こうして，主によって定められているのです．このように聖餐の
恵みを主ご自身が確実なものとしてくださっておられるのであって，聖
餐の定めとその意義を，原告の言うような人間的知恵や時代思潮で左右
してはならないのです．

　主キリストが言われた「わたしの記念としてこのように行いなさい」
とは，単なる「想起」を超えて，キリストの血に与り，キリストの体に与っ
て再び確かに主キリストに結びつけられなさいとの意であります．洗礼
によってキリストの贖いをその身に受け，キリストなる幹の枝とされた
者が，聖餐によりくり返しその結びつきを強められ，信仰を養われてい
くのです．このような訳で，聖餐は信仰の養いそのものであります．

　聖餐の恵みは，主を信じて洗礼を受けた者にのみ許される，天上の教
会につながる祝宴であり，それはまさに恩寵です．この恩寵を受けるこ
とができるのは，聖餐の主の前に深く悔い改めて，聖霊の御業を信じる

信仰のみであります．聖餐の恵みは霊的な賜物なので，それを受けるために差し出す手としては，信仰という手以外にふさわしいものはないのです（ウルジヌス「小教理問答」48）．それゆえにまた，信仰という手以外の手を差し出すとすれば，つまり信仰を告白して洗礼を受けた者でなければ，また悔い改めをもってでなければ，その陪餐は聖餐の主を汚すことなのです．このことは，「主の体のことをわきまえずに飲み食いする者は，自分自身に対する裁きを飲み食いしている」のであり，「ふさわしくないままで主のパンを食べたり，その杯を飲んだりする者は，主の体と血に対して罪を犯す」のであると，聖書（コリントの信徒への手紙一 11：27−29）に明確に指摘されています．

　こうして，洗礼と聖餐の順序を崩してはならないことと信仰をもって聖餐を受けるべきことという教会の秩序およびそのための戒規は，教会にとってその生命にかかわる重要な法であります．

　「日本基督教団信仰告白」においても，このことは明確であります．「教会は主キリストの体にして，恵みにより召されたる者の集いなり」に始まる「教団信仰告白」第4項は，「教会は……福音を正しく宣べ伝え，バプテスマと主の晩餐との聖礼典を執り行い」と述べており，これは，伝道して洗礼を施し，主イエスが命じられたことすべて（聖餐，その他）を守ることを教会の使命として告白するものであり，また，洗礼と聖餐とはばらばらのものではなく，密接な関係にあること，それは洗礼があってその後に聖餐というこの順序においてこそ両者の意義と相互の関係が定まるというしかたで，共に聖礼典であり，それを教会として守ることがキリスト信仰と教会に関わる生命線であることを，告白しているのであります．

2　特に未受洗者への配餐は認められないこと

　ここでは特に，上に述べた信仰告白をして洗礼を受けることをしてい

ない者を聖餐に与らせてはならないことにつき，もう少し説明を加えます．まず，これについては，次のように明確に述べたものがあり，このことはキリスト教会のいわば不文律であることを強調しておきます．すなわち，初代教会の時代に書かれた『ディダケー（十二使徒の教え）』の9・5に，「主の名をもって洗礼を授けられた人たち以外は，誰もあなたがたの聖餐から食べたり，飲んだりしてはならない．主がこの点についても，『聖なるものを犬に与えるな』と述べておられるからである」と記されていて，これはきわめて重要なこととして代々受け継がれてきました．そして宗教改革期には，スコットランド信仰告白（第一）第23条が「主の晩餐は信仰の交わりに属し，信仰においても，隣人に対する自らの義務においても，自らを問い，吟味することができる人々にのみ与えるべきであると，われわれは告白する」（RCSF Ⅱ，151頁）と明言し，さらにベルギー信仰告白第35条，ハイデルベルク教理問答問82などが同旨のことを述べています．

日本基督教団の場合，洗礼を受けていない者を聖餐に与らせてはならないとの明文の条文はありませんが，それは，洗礼が三位一体の主の名により水を用いてなされるべきことと同じく，教会の上記の不文律を自明のこととして受け継いでいるからであって，そのことは，教団の信仰告白における聖餐について前述したことにも現れています．

この不文律に基づいて，教団の教規は，その第6章「信徒」の第135条，第136条および第138条に重要な規定をおいています．

教憲第1条の「教憲および教規の定めるところに従って」教団は教会の権能を行使するとの定めにより，教規の中にはこの教憲の規定を受け，それと一体となって教団の基本的法規定を形成するものがあるのであり，「信徒」の章のこれらの規定はそれにあたります．教憲第10条は「本教団の信徒は，バプテスマを受けて教会に加えられた者とする」と規定していますが，教規のこの三箇条（第135条，第136条および第138条）は，この信徒を陪餐会員と未陪餐会員とに分けて登録すること（第135

条）からはじめて，聖餐に与ることのできる陪餐会員になるのは，信仰を告白して洗礼を受けた者であること，または幼児洗礼を受けた（このままでは未陪餐会員）後に信仰告白式を了した者であることであって（第136条），そのいずれでもなければ，つまり陪餐会員でなければ「聖餐に陪しえない」（138条①）ことを明示しています．

　したがって，信仰を告白して洗礼を受けることをしていない未受洗者を聖餐に与らせることは，教憲第10条を受けた教規第135条－138条に違背しており，「教憲および教規の定めるところに従う」べしとの教憲第1条違反になるのです．原告の場合は，この違反であり，きわめて重大なのです．

3　戒規の意義について

　原告の本訴提起は，戒規を懲罰や懲戒と同種のものとみる誤解もしくは曲解に基づいているので，キリスト教会の戒規とは何か，それは何のためにあるかについて述べます．

　戒規は，キリストの体なる教会を純正な福音信仰の上に堅固に立てるために，また教会から離れつつある者が主の恩恵から遠ざかることのないようにするためにあります．そこで，信徒または教師としての誓約に反する者に対して，戒告により悔い改めを勧告し，また異なる福音が説かれ，主の晩餐が汚されないために，陪餐（聖餐に与ること）を停止し，特に教師の場合，停職または免職とし，さらに主キリストを否認したり，異なる福音を説いて止めない者を除名します．

　このような戒規を重要なこととしてキリスト教会が定めているのは，次の聖書の教えに従うからです．すなわち，「もしあなたの兄弟が罪を犯すなら，行って，彼とふたりだけの所で忠告しなさい．もし聞いてくれたら，あなたの兄弟を得たことになる．もし聞いてくれないなら，ほかにひとりふたりを，一緒に連れて行きなさい．それは，ふたりまたは

三人の証人の口によって，すべてのことがらが確かめられるためである．もし彼らの言うことも聞かないなら，教会に申し出なさい．もし教会の言うことも聞かないなら，その人を異邦人または取税人同様に扱いなさい．よく言っておく．あなたがたが地上で，つなぐことは，天でもみなつながれ，あなたがたが地上で解くことは，天でもみな解かれるであろう」（マタイによる福音書18：15－18）．

　教会の戒規執行権の根拠は，罪を罪とし，かつこれを赦す権威を主なる神が教会に与えたもうたことにあります．このことは，マタイによる福音書16章19節，同18章18節およびヨハネによる福音書20章23節に明確に出ています．しかも，大事なことは，上にあげたマタイによる福音書18章15節の直前に，「これらの小さい者のひとりが滅びることは，天にいますあなたがたの父のみこころではない」（14節）との主の御言葉が語られており，「もし聞いてくれたら，あなたの兄弟を得たことになる」との積極的兄弟愛の忠告が勧められていることです．このことについては，「戒規執行に当たり……その者が悔い改めてさらに良くなることを希望しつつ，執り成しの祈りをやめてはならない」（カルヴァン『綱要』Ⅳ・12・9）と，強く勧められています．

　このようにキリスト教会の戒規とは，教会の信仰の純正を保つために主なる御神のご命令に従い，厳しく罪を罪とするものであるとともに，悔い改めへと導くためのものであります．戒規の制度は，こうして教会の重要な基本的制度とされ，説教と聖餐と並んで，真の教会の第三のしるしとさえ言われています．

　日本基督教団の場合も，戒規に関するプロテスタント教会の伝統的信仰的認識を受けて，教規第8章及び戒規施行細則に戒規の制度を明確に規定しています．

　まず，制度の目的については「教団および教会の清潔と秩序を保ち，その徳を建てる」こととしています（教規第141条，戒規施行細則第1条は，「教団及び教会の清潔と秩序を保ち，その徳を建つる」とする）．「教団

および教会の清潔」とは，何よりもその福音信仰の純正のことであります．道徳や法律に反する行為があった場合でも，それがその者の福音信仰の歪みから生じたものであるとき，そのゆえに，戒規の対象になると理解することになります．「その徳を建てる」との表現は，口語訳聖書の使徒行伝20章32節の「あなたがたの徳をたて」に由来し，その意は教会を神のみこころに適うように形成することです．このように教団の戒規の目的は，上に述べたキリスト教会の伝統的認識と一致しています．

　次に，戒規施行細則第1条但書に「その適用を受けたるものと神との関係を規定するものにあらず」とあることに注目すべきです．これは，永遠の生命にかかわる「裁きは神の御手にあり」との信仰的認識を示し，戒規執行がその人の救いを左右するものではないということです．戒規執行を受けた者はもとより戒規執行をおこなった者も，永遠の神の前に謙虚であり，忠実であることが求められています．

　第三に，悔い改めを促すことに戒規の大事な意味がありますから，戒規を受けた者が深く悔い改めるときは，戒規は解除されます．それは，教団の戒規施行細則第7条及び第8条にあるように，免職や除名を受けた場合でも，神の前に真に悔い改めることを身をもって顕すときは，戒規を解除され，また復帰を認められます．

　このような訳ですから，戒規は，世俗の懲罰や懲戒とは全く異なるものであります．キリスト教会の戒規制度のこの趣旨を理解しないままに，世俗の懲戒や懲罰のように受け止めた上での言動がなされた場合，教会はそれを決して容認できません．

4　戒規の手続きと原告の免職について

　本訴原告は，その担任する教会の聖餐式に洗礼を受けていない者も与らせることを長期にわたりおこない，他方，それをその教会の教会規則の上で可能にするための規則改正をその教会総会で議長を務めて可決さ

せたが，教憲教規違反のゆえに教団総会議長の承認を得られないままに
ありました．しかもさらに，教団総会に代わる教団常議員会の公の席上
でこのような聖餐式を執りおこなっていることを発言し，それを取りや
めるようにとの常議員会の同意を伴う教団総会議長の勧告にもかかわら
ず，そのような聖餐式を執行し続け，その事実と自己の意見とを文書に
して発表もしましたので，教師委員会は，これを教憲第1条の重大な違
反として原告につき教師免職の戒規執行の議決をしました．しかし，原
告はこれを認めずに上告をしたので，常議員会において選ばれた審判委
員会が教師委員会の免職決定の理由と原告の上告理由を審査して，教師
委員会の決定は適法妥当であるとの審判を下し，最終的に未受洗者陪餐
は教憲第1条の重大な違反であるとして，原告の免職が確定したもので
あります．

　教団総会議長の勧告を聴かずに，未受洗者を聖餐に与らせることを敢
えておこない続けた原告の行為は，聖餐を受けるのに信仰は不要として
そのサクラメントとしての霊的な価値を損壊したこと，それにより教会
員の信仰を根本的に弱体化させる原因を作ったこと，それは主キリスト
の伝道と洗礼の命令を無視し，洗礼の意義を失わせ，伝道を無意味にし
たこと，さらに現住陪餐会員という教会総会議員資格を曖昧にして総会
の教会権能行使の基礎を崩したこと，聖礼典を司る教師がこれを強行し
て教職制を混乱に陥れたこと，加えて，「信徒の信仰指導」にあたるべ
き牧師の務め（教規第104条第1号）に違背し，若しくはそれを放棄して，
主の教え（ヨハネによる福音書21：15以下）に背いたこと，さらに教会
総会の議長（教規第96条第2項）として違法な議決を阻止する責務を負い，
かつ阻止し得る権限を与えられているにも拘らず，それを怠ったこと等
を勘案すれば，まさに重大な教憲違反であり，かつ教団の秩序を乱すこ
とは甚だしいと言わざるをえません．教師職を奪う免職という戒規の執
行は，教憲教規を中心とする教団の法と秩序に照らして適法・妥当とい
うべきであります．

　加えて，聖餐は教団の正教師である者だけが司ることができることになっています（教憲第8条）．それだけに聖餐の違法な執行をし続けて改めない場合は，その戒規は教師の地位に直接関わってくるのは，当然であります．この場合の戒規処分の内容が最低限で免職であるのは，妥当と言わなければなりません．

　ところで，原告は，今回の戒規執行決定が客観的一般的な手続き規範に違背しており，その点で違法な侵害があると主張するようですが，それも重大な誤りであり，いたずらに教会の教義と秩序に対する司法権の違法な介入を惹き起こすことになりかねないものがあります．なぜなら，戒規執行の所管や手続きも，上述の戒規の信仰的教義的意義に基づいて定められ，その進め方自体が信仰的教義的意義を有するからです．

　まず，いわゆる所管についてですが，日本基督教団では，信徒につき配慮し牧会する責務と権限を有する各教会の役員会（長老会［小会］とも言う，責任役員会ではない）が信徒の戒規の執行にあたるのに対して（教規第102条第6号），教師の場合は，教師の育成，研修，人事交流等につき配慮し，諸問題の解決などを審議する教師委員会が，教師の戒規について審議決定することになっています（教規第43条第4号）．信徒は各教会に所属するので，その戒規は教会の役員会の所管になるのですが，教師は教会ではなく直接に教団に所属するので（教憲第9条），教団の教務機関であり常設委員会である教師委員会の所管となるのです．常設委員会というのは，教団の会議制（教憲第4条）を踏まえて，教団総会のもとに教規による一定の権限を有するものとして置かれるもので，「本質的に会議にかけるべき事項について審査・議決を行い，その執行を監査する機関」（第15回教団総会機構改正案議案書12頁）のことであります．その一つである教師委員会は，「教師の戒規に関する事項」を「つかさどる」（教規第43条第4号）とあって，教師についての戒規申し立てを取り上げ（または，取り上げない），調査し，審議決定し，また執行を監査する責務と権限を有するものとされています．つまり，教師の戒規に

ついては，上告された場合の審判委員会の審判以外は，教憲教規および戒規施行細則に従って，教師委員会が各種の手続きや要件も含めてすべてを決定する仕組みであります．また，教団の常設委員会の一つとして，「その権限に属する事項について内規を設ける」ことも認められています（教規施行細則第11条第1項）．原告のケースもその内規により審議しました．戒規申し立ては，特定の者に限られている訳ではありません．通常の場合，教区常置委員会からあげられてきますが，それがない場合でも，教師委員会は戒規申し立てがあれば，それを取り上げることができます．

　このような仕組みの基である会議制は，いわゆる民主的運営のためとみえるかもしれませんが，そうではありません．会議制の基は，「二人または三人がわたしの名によって集まるところには，わたしもその中にいるのである」（マタイ18：20）と言われたイエス・キリストの御言葉にあります．すなわち，キリストから託された教会的権能（鍵の権能）を教会の真の主権者キリストの支配が貫かれるように行使するために，キリストの上記の御言葉に従って会議によって決定するとされ，そこに教師委員会が一定の権限を託されて存在しているのです．

　次に，審議決定に至る手続きについてですが，仮に，明らかに客観的な手続きには従わねばならないとしても，本件の場合，教師委員会の決定には問題がないと言えます．事実確認については，原告本人が，未受洗者を聖餐に与らせるべきであると主張し，自分は実際に与らせている，と公の場で言明しており，文章にして発表もしていることは，証拠にあるとおりです．それでも，その未受洗者の特定，その聖餐の場所と日時，それらをどのようにして確認したかを明らかにしなければならないでしょうか．本人が言っていても，それは虚言かもしれないから厳密な事実確認手続きは必要というのは，この場合成り立ちません．なぜなら，虚言こそ十戒の第9戒に反する上に，聖餐という教会の信仰的生命に関することですから，教団の教師に許されることではありません．

　同じく仮に客観的手続きによるべきだとして，この戒規該当の審査に
あたり，原告本人に反論の機会を与えたかについてですが，これは調査
委員会が何度も面談を求めたことで十分と言えます．面談を拒否したこ
とにつき，原告は，信仰職制委員会への諮問を理由にあげていますが，
それは理由になりません．いや，そのことよりも肝腎なことは，未受洗
者を陪餐させたという事実が重大であって，この事実はその動機や理由
あるいは事情が斟酌されることではないということです．前に述べた聖
餐の信仰的意義は，人間的思惟や状況判断をもって理由付けることによ
り評価されるものではないからです．手続的正義の問題として反論の機
会を与えるべきであったと言っても，その反論としては，違法聖餐の事
実はなかったとの主張しかありません．その点，原告のケースは，犯罪
行為や道徳背反があった場合の戒規執行とは，戒規違反の内実が全く違
うのです．違法聖餐は直接に教義的信仰的判断の問題ですから．

　ここで，この問題のいわば結論に入ります．

　原告本人の客観的正当手続の保障の主張は，通常の人権認識から言え
ば，一見妥当のように見えますが，そこには，戒規に対する原告の重大
な誤解があります．戒規は，前述のように，一般の懲罰や懲戒とは違い
ます．戒規の決定に至る過程は，教会の信仰的純正をいかにして保持す
るかの営みであるとともに，いかにして本人に過ちを認識させ，悔い改
めへと導くかの過程でもあります．前に引用したマタイによる福音書
18章の御言葉にあるとおりです．教団のその営みは，具体的には前述
のように，教団総会議長が常議員会の承認のもとに原告に勧告をしたこ
とに始まっており，調査委員会が面談を求めたことにもその願いは現れ
ています．そのようなわけで，戒規執行の進め方は，それ自体が高度に
教会的信仰的判断を要するいわゆる牧会的配慮をもってなすべきことで
あって，その当・不当は本来的に裁判になじまないものなのです．

　前述のカルヴァンの教えのように，教会（教団）は，戒規を受けた者
のために「執り成しの祈り」をいっそう心を込めて続けなければなりま

せん．そして，本人が悔い改めて本道に立ち返ることが私たちの父なる
神のみこころであり（前記の主イエス・キリストの教え），その悔い改め
がみられるとき，ことは戒規の解除へと動くのです．つまり，原告に対
する戒規執行は今なおこのような一連の過程の中にあるのであって，そ
の真義を誤解している原告の主張のように，仮に正当手続きの問題であ
るとして本案審議がなされるならば，キリスト教会の祈り，またその信
仰と教義に対する司法権の介入以外の何物でもありません．裁判所のご
賢察を願います．

〔これは，免職処分無効確認等請求事件（東京地裁平成 23［2011］年（ワ）
第 38119 号）につき，教団の主張を支えるものとして，2012 年 11 月 27 日
に東京地方裁判所に提出した意見書である．本件は教団主張のとおり却下さ
れた．〕

あとがき

　本書の執筆中，一人の老教師と一組の夫婦のことをしばしば思い起こしました．

　その教師とは，私が初めて長老になった時の日本基督教団金沢教会の上河原雄吉牧師です．この先生から，特に大事な問題のときのその言動から，私は改革長老教会の生きた伝統を学びました．断片的に，しかもさりげなくでしたが，時宜を得た言葉だけに，明確に理解でき，私の中に蓄積されていきました．私は，初めて私に福音を説き，洗礼を授けた福島伊達教会の本宮幸四郎牧師から福音を証しする生き方を学び，次に長くその礼拝説教を聴いた仙台広瀬河畔教会の秋保孝次牧師から聖書を深く読み，祈ることを学びましたが，特に上河原先生から受けた改革教会に関する断片的ながら生きた一言一句は，今回の執筆中に随所で私の脳裏に浮かんだのでした．

　上河原雄吉先生が高齢ゆえに引退するとなったとき，私は，金沢教会の教会規則を制定すべきであると考えて取り組みました．その最初の原案を長老会（小会）に提出したとき，先生は，当時紛争中の教団において主の復活を曖昧にしたり，パウロ書簡を貶めたりする発言のある状況を憂慮され，「長老主義というものは，牧師が福音を説かないときには，長老会（小会）はこれに勧告し，場合により解任の議を起こすことができるのであって，その趣旨を盛り込んでほしい」と明確に発言されました（『金沢教会百十年史』304頁）．そのようにして成った金沢教会規則が本書に載せた「モデル各個教会規則」の原形と成っています．このよう

な先生との出会いが，福音主義教会法を究めようとの志の原点のひとつであります．

「私のような者でも救われる」．先生がよく言われた言葉です．先生は，若さゆえの不正行為により中学を中退し，病にかかり，そのどん底から献身されました．このことを知らない者でも，この言葉を聞くとき，キリストの救いの確かさと豊かさを覚えずにはおれないのでした．また先生は，しばしばこう言われました．「最後はキリストが握っておられる」．この言葉を聞いた人は誰であれ，忘れられない力ある言葉となったことでしょう．今，この時も，私を支える言葉です．原稿を読み返しながら，先生をとおして与えられた恵みを感謝しています．

次に，何度か思い起こした夫婦とは，その生涯をとおして，いわば信徒として主の教会に仕えた先達ともいうべき夫婦のことで，夫はアクラ（またはアキラ）と記され，妻はプリスカ（またはプリスキラ）と言います．この二人のことは，使徒言行録18章のほとんど全部に出てきますし，また，ローマ書，コリント第一書やテモテ第二書にも出てきます．それらは，教会形成に仕えるということを身をもって私たちに教えてくれる夫婦の記録と言えましょう．

この夫婦は仲のよい夫婦ですね．二人は常に名前を連ねて出てきます —— プリスカの名が先に記されていることが多い ——．アクラはポントス出身と書かれていますからいわゆるディアスポラのユダヤ人です．主の福音を信じる群れがすでにローマにできていて，二人はそこで結ばれたようですが，皇帝によるユダヤ人追放令によりローマから出てきて，コリントに移り住み，天幕作りで生計を立てていました．そのコリントにアテネで伝道に失敗した使徒パウロが移ってきて，同業者であるアクラたちを知り，その家に住み込んで一緒に仕事をするとともに，パウロは十字架の愚かさに徹する福音伝道を開始することができるようになりました．それはコリント教会の誕生へと発展します．この夫婦は，直接に福音を説く働きはしていなかったようですが，この伝道再開に協力し，

伝道者を支え続けたのです．さらに，パウロがエフェソへと転進したとき，彼ら夫婦も同行してエフェソの伝道を助け，パウロがエルサレムに上った後もエフェソ教会に留まって，その中心的信徒として教会形成に仕えました．使徒言行録 18 章末尾には，聖書（旧約聖書）に精通していた伝道者アポロがこの地に来て雄弁に主の道を説いたとき，「これを聞いたプリスキラとアキラは，彼を招いて，もっと正確に神の道を説明した」とあります．「もっと正確に」とは，次の 19 章冒頭においてパウロの教えにより明らかになる「聖霊によるバプテスマ」に関することだったのではないか．そして，エフェソ教会の福音理解を立て直すために，彼らがパウロをよんだとも考えられます．

　教会の信仰が揺らぐとき，礼拝中心の生活の中で培われた堅実な福音信仰に立ってそれを支え，良き教師を招いて教会の再建に努めることは長老および長老会（小会）の使命であり，責務です．それがまた教会の秩序の生命線であることを，私は学ばされました．

　ところで，パウロはローマの教会に対して，「キリスト・イエスに結ばれてわたしの協力者となっている，プリスカとアキラによろしく．命がけでわたしの命を守ってくれたこの人たちに，わたしだけでなく，異邦人のすべての教会が感謝しています．また，彼らの家に集まる教会の人々にもよろしく伝えてください」と書いています（ローマ 16：3−5）．これによると二人はエフェソからローマに帰ったのでしょう．そして，そこでもエフェソのときと同じく自分の家を開放して礼拝をしています．いわゆる「家の教会」です．二人は終始，礼拝と伝道中心の生き方なのです．パウロは，まだ相見たことのないローマの教会に対して手紙を書いているのですが，かつて二人からローマの教会とその信仰につき聞いていたことが，大きく役立っているのであろうと，推測されます．

　最後に，二人の生涯が，私たちに無言の励ましとなっています．二人が信仰によって結ばれた地・ローマを離れてコリントに行き，エフェソに移り，またローマへと旅し，迫害の中にあって信仰的に妥協せず，ひ

たすら主の証しに生き，この世を仮の宿りとして旅人の生涯を終えました．その生涯そのものが私たちの人生の旅路を励ましています．その二人を支えたのは，本書の冒頭部分を導いた聖書の一節，「わたしは体では離れていても，霊ではあなたがたと共にいて，あなたがたの正しい秩序と，キリストに対する固い信仰とを見て喜んでいます」（コロサイ2：5）でありましょう．

　主の教会は，このようにしていずこにあっても同じ信仰と秩序によって立ち続け，私たちを支える恵みと力に満たされているのです．そう信じ，それを明らかにし，またそれを支える一助にしたいと願いつつ，本書を書き進めました．原稿完成後に転居し，校正その他は長男・深谷格が担ってくれました．

　お読みいただき，ありがとうございました．

　京都桂川のほとりにて

深　谷　松　男

著者略歴

深谷 松 男（ふかや まつお）

1933 年，福島県に生まれる．1953 年，日本基督教団福島伊達教会にて受洗．1956 年，東北大学法学部卒業，同助手．1959 年，金沢大学講師（民法），1975 年，同教授（法学部）．同法学部長，大学院社会環境科学研究科長を歴任し，1999 年，定年により退職し，宮城学院長に就任（2009 年まで）．1962 年，日本基督教団金沢教会にて長老の按手を受け，2024 年 2 月，同仙台広瀬河畔教会長老を辞すまで 60 年余，長老を務める．日本基督教団総会議員（1966 年〜1990 年），同常議員（1974 年〜1990 年），同信仰職制委員会委員（1976 年〜1990 年，2011 年〜2015 年），東京神学大学常務理事，キリスト教学校教育同盟理事，日本聖書協会理事等を歴任．
現在　金沢大学名誉教授，宮城学院名誉理事．

【主著】
『現代家族法〔第 4 版〕』（青林書院，2001 年），『注釈民法第 22 巻Ⅱ』（共著，有斐閣，1972 年），『現代家族法大系（全 5 巻）』（共編著，有斐閣，1979 年），『脳の死　人の死』（共編著，日常出版，1991 年），『新版注釈民法第 24 巻』（共著，有斐閣，1994 年），『注解法律学全集第 19 巻　民法 X（相続）』（共著，青林書院，1995 年）．
『金沢教会百年史』（共著，日本基督教団金沢教会長老会，1981 年），『金沢教会百十年史』（日本基督教団金沢教会長老会，1997 年），『信託された教育』（キリスト新聞社，2003 年），『新・教育基本法を考える』（日本キリスト教団出版局，2007 年），『キリスト教学校と建学の精神』（日本キリスト教団出版局，2009 年），『日本基督教団教憲教規釈義』（全国連合長老会出版委員会，2015 年）．

福音主義教会法と長老制度

発行
2024年4月29日　第1刷

定価
〔本体3,200＋消費税〕円

著者
深谷松男

発行者
西村勝佳

発行所
株式会社　一麦出版社

札幌市南区北ノ沢3丁目4-10 〒005-0832
Tel.（011）578-5888　Fax.（011）578-4888

印刷
モリモト印刷株式会社

製本
有限会社高地製本

装釘
鹿島直也